子どもは手を使いながら
一人立ちする

ひとりで、できた！

相良敦子 監修
池田政純　池田則子 著

サンマーク出版

はじめに

池田政純　池田則子

子どもは生命力のかたまり

「この子が大きくなったとき、どんな世のなかになっているのかと思うと、不安にかられるのです」という声をよく聞きます。社会全体に漠とした不安感や閉塞感（へいそくかん）がしみつき、たしかに現代は、見通しの立ちにくい状況です。子どもたちの未来はどうなるのだろうと、おとなが憂えるのも無理はありません。

でも、子どもはそんなに弱い存在なのでしょうか。また、世間でいわれるように、いまと昔の子どもでは、何か違いがあるのでしょうか。

いいえ。決してそんなことはありません。子どもの本質は、どんな時代であってもどんな環境においても変わりません。子どもはみな、幸せになるよう、創られています。子どものなかには明るく前向きに生き抜こうという姿勢があり、自分たちの時代を自分たちの価値観や判断力で創りあげていく力があるのです。

本書のベースとなっているモンテッソーリ教育法に携わってから27年。子どものなかからわきあがる強力な生命エネルギーを目の当たりにするたび、私たちは、人という生き物のふしぎさ、しなやかさ、より善（よ）く生きたいとする人間の本質にいつも驚かされ、勇気づけられてきました。

そもそも人間は、生まれてから歩きだすまでに約1年、その後もゆっくり、10年以上の歳月をかけて身体機能をつくり、脳を完成させて自立への準備をしていきますが、動物のなかで人間だけがなぜ、こんなスローな発達のしかたをするのでしょう。

じつは人間は、生まれた環境にうまく適合できるよう、あえて完成されないままに生まれてくるのです。

言葉ひとつをとっても、どこの国に生まれるかで必要な言語が違ってくるように、最初から特定の言語能力をもっているわけではありません。その代わり、周囲で話されている言語を習得するための、驚くべき吸収力をもって生まれてくるのです。

この、鏡のようにすべてを映しとる力や、自分を取り巻く環境を自分のなかで整理し、再構築するエネルギーは、万人に与えられた自然からの贈り物です。

また、動くことによって心身が成長し、感性や知性が育つという道筋も、自然が仕組んでくれた普遍のプログラムなのです。

子どもの視点に立ち、子どもの生理を理解し、必要な環境を用意してあげさえすれば、子どもたちは生まれもったすばらしいエネルギーを存分に発揮できます。たったそれだけのことで、子どもは自分で自分を成長させ、自分の力で自分の人生を幸せに切り開いていくことができるのです。

モンテッソーリ教育法に魅せられて

政純が幼児教育の道に進んだ1970年代は、一斉保育の時代です。おとなの頭で考えたカリキュラムに全員が従うか、あるいは「自由」という言葉のもとに放任するやり方のなかで、ともすれば、子どもが窮屈そうにしていたり戸惑っているように感じられました。「どうすれば、子どもたちはもっとイキイキできるのだろう」と悩みました。そんなときに出合ったのが、モンテッソーリ教育法だったのです。

子どものなかに潜む「自然のプログラム」を知ったとき、パッと明るい光がさしたことを鮮明に覚えています。モンテッソーリの考えを保育の現場に取り入れ、子どもを取り巻く環境やおとなのかかわり方を少し変えてみると、子どもたちがみるみるうちに変わってきました。子どものなかに、満ち足りた落ち着きや積極性が生まれてきたのです。人間の本質を開く秘密に触れたとでもいうのでしょうか。子どもも自分も、心から自由になれたと感じた瞬間でした。

一方、則子も、「くすのき保育園」に来る前の幼稚園で、子どもの育ち方や発達のプロセスにおおいに興味を感じていました。5歳児を見て4歳のときはどんなふうだったのだろうと思い、4歳を知るには3歳、3歳を知るには2歳……と、どんどん子どもの前段階を知りたくなっていったのです。

人の育ちの根源は何だろう、人間形成はいつごろ、どのように行われるのだろうという則子の疑問に答えてくれたのが、やはりモンテッソーリ教育法でした。「人は誕生した瞬間から、厳密に言えば受精した瞬間から人として成長していくプロセスを歩みはじめること。やり直すことのできない生後1～2年の時期がとても大切だということ。その後の発達は、その基礎の上に積み重ねられていくこと」を学び、くすのき保育園に移ってからは、乳幼児期の育て方が重要だということを、日々の実践のなかで確信していきます。

実際、3歳以下の子どもたちを毎年たくさん見て、成長のプロセスにじかに触れていると、どの子も早い遅いの差はあっても、ほぼ同じような発達の道筋をたどることに気がつきます。その「自然のプログラム」を、一つひとつ段階を追って、確実にこなしていく手伝いをするのが幼児教育であり、子育ての秘訣ではないでしょうか。

いちばん大切なのは、子どもに近づき、子どもをじっくり観察することです。本園でも新卒の先生たちに、子どもをよく見ること、なぜそうしているのかを考えること、子どもの心の動きに考えをめぐらせてみることをやってもらっています。そのうえで、子どもの要求を満たすものとして、材質やサイズなど試行錯誤を繰り返しながら本書の第5章、第6章で紹介しているような教材を作りはじめたのです。

たとえば一片の布きれでも、子どもたちは笑みを浮かべ、何度でも繰り返し触りたがります。そんなささやかな光景にも先生たちは目をとめ、「○○ちゃんはこんなに目が輝いていた」「△△ちゃんは毎日、これに触りに来る」などと語りあい、そこからヒントを得て教材を作るのです。

このような歩みを続けながら思うことは、まだものも言えない赤ちゃん、表現がうまくできない乳児たち（0～1歳）の心の動きをどうしたら受けとめることができるか、反抗期ともとれる2歳児たちにはどのように対応すればよいか、戸惑いつつも小さな工夫を重ねるとき、その子への思いが深まると同時に、私たちおとなも「人間を知る」哲学を学び、人間として成長させてもらっているということです。

子どもは自立したがっている

家庭で子育てをしているお母さん方も、子どもをジッと見る愛と忍耐があれば、そして、子どもの見方の手がかりに「自然のプログラム」の知識があれば、何かが見える瞬間がきっとあります。わずかでも子どもの充実した笑顔やキラキラ輝く瞳にハッとする機会があれば、そこから子育てへの光がさしはじめます。

子どもに近づき、子どもを観察し、その子が必要としているものを手作りしてみませんか。子どもが少しずつ変わっていく姿に、必ず新しい発見と感動があります。子どもとの生活に、希望と喜びも生まれてくるでしょう。

保育の現場にいますと、日々、「ひとりでしたい」「ひとりでできるようになりたい」という子どもたちの心の動きに出合います。人間の「自立」への願いの表れであり、私たちおとなはその願いが実現するよう、手伝わなくてはなりません。

そして、一人ひとりの自立を助けることは、平和な社会をつくることにつながっていくのです。自立するということは、幸せになるということ。自分が精神的に満たされていれば、しぜんと他人に対する寛容さやあたたかいまなざしが生まれてきます。

お互いの違いや個性を認めあうことから、人間も社会も成熟していきます。

新卒の先生が入ってきたとき、私たちはよく、法隆寺の五重の塔がなぜ美しいのかという話をします。五重の塔はご存じのとおり、木で造られています。木は、一本たりとも同じものはありません。その木を手で一つひとつ削り、すべての材質の特徴を生かしきる用い方をしたからこそ、あの完璧なまでの調和が生まれたのです。

人間社会も同じではないでしょうか。みんな違う一人ひとりが自立してはじめて、うまく合わさり、調和が生まれ、平和が保たれるのです。

子どもたちが豊かな心で幸せな人生を送れるよう、そしてお母さん方の子育てが楽しく充実したものになるよう、本書がそのお手伝いの一端となれば幸いです。

ひとりで、できた！

目次

第3章 子どもたちの、心の声 ――「くすのき保育園」の日常から――

動きそのものを楽しむ

基本の動きを洗練させる遊具 ……… 78

第6章

動きながら自分磨き 感性や知性を高める遊具

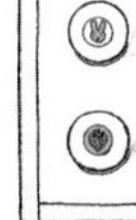

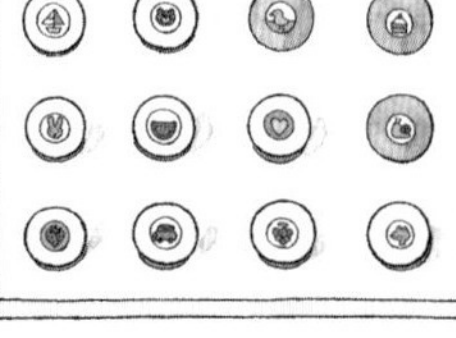

12がつ17にち
せいかつはっぴょうかいをします。
どうぞみにきてください。

これはここ

第

章

子どもは幸せになるよう、創られている

世界中、どこの国でもどんな時代であっても、
子どもはみんな、幸せの種を抱いて生まれてきます。
子どものなかには「より善（よ）く生きたい」と願う本質があるのです。
その本質を開花させる鍵が、幼児期の「動き方」にあります。
自分の意志を働かせ、目的にかなった動きを、
意識して正確に実行できるようになることで、
子どもの心と体は満たされ、
その子らしい〝花〟が開いていきます。

子どものほんとうの幸せとは

人間はみな、幸せになるために創られています。

「そんなことはない。この世は悲しみと苦しみに満ちているではないか。この世は涙の谷なのだ」と反論する人もいるでしょう。

この難問に深入りすることを避けて子どもの事実をよく見ると、人間のほんとうの幸せが見えてきて、誰もが「幸せ」に招かれているのがわかります。

本書が手がかりとするモンテッソーリ教育法を編み出したマリア・モンテッソーリという女性が、幼児教育の世界に入っていった最初のきっかけは、幸せにあふれた幼子の顔を見たことでした。

そのエピソードを語りながら、モンテッソーリという人物とモンテッソーリ教育法について、少しだけ紹介しましょう。

●幸福感は「集中」からあふれ出す

マリア・モンテッソーリ（1870～1952年）という人は、イタリアの優秀な学者やカトリック司祭を親族にもつ家系に生まれ、小さいときから自然科学への情熱と弱者への思いやりを兼ね備えた女性でした。この二つの特質を生かすことのできる道として、彼女は医学の道を志します。

ところが、当時の社会では、女性が医者になる道は開かれていませんでした。並の人間よりもずば抜けて優秀なマリアは、生涯にわたってほかの人がすでに歩いてきた道ではなくて、未踏の道を歩く宿命にあったのですが、まず最初に開かねばならなかったのが大学の医学部に入学するという道でした。

彼女はさまざまの反対を乗り越え、やっとのことでローマ大学医学部初の女子医学生となります。

ところが、男性たちに交ざって医学の研究を続けることには、いまでは想像もできないような幾多の困難がありました。優秀なマリアに対する男子学生たちの嫉妬、男性のなかでただ一人の女性として身体の構造を学ぶときの羞恥心、夜中に一人で人体を解剖しなければならない状況さえありました。

彼女は何度も何度も挫折しそうになりますが、あの分厚い壁をたたき破ってやっと獲得した医学への道を断念することは、周囲の状況からも許されないし、自分をも許せないことでした。

でも、とうとう限界にきたと感じたマリアは、医学の道を歩み続けることをやめようと決意します。

そして、果てしない絶望感に沈みながら医学部をあとにし、とぼとぼとピンチオ公園を横切って行き先のわからない歩みを続けていました。

そこへ、2歳半ぐらいの幼子を連れたお母さん乞食がやってきて、マリアに手をさし出し、あわれな声で物乞いをはじめました。

本来のマリアであれば、そのような状況に出合うとすばやく惜しみなく、できる限りのことをして助けるのですが、そのときの彼女は、物乞いをする乞食の母子よりももっとみじめな状態でした。マリアは与えるものがないどころか、今日からどうやって生きていけばよいか、お先真っ暗だったのです。茫然としたまなざしで物乞いをする母親を見つめ、この乞食よりもみじめな自分を認めるしかなかったのです。

ところが、そのときです。マリアは、フッとかたわらにいる幼子に目をとめました。そして、ハッとし、くるりと後ろを向き、たったいま、棄ててきた医学部の研究室に向かって走りだしたのです。

マリア・モンテッソーリはのちに、このときのことを次のように述懐しています。

「誰も信じてくれないかもしれません。でも、ほんとうなのです。

私が物乞いする母親の乞食から幼子のほうに目を向けたとき、その幼子は、かたわらにあったゴミ箱から数枚の紙を拾い出して、夢中になってその紙を並べたり合わせたりしているのです。そうしながら幼子は深く集中し、集中したその顔は深い充足感に満ち、輝いていました。

その幼子の顔を見た瞬間、私はなぜかわからないけれどハッとして、一目散に医学部の研究室に走り戻ったのです。以来、私は決して医学を学ぶことをやめようとは思いませんでした」

この出来事がきっかけとなって、マリア・モンテッソーリは医学の勉強を続け、医学博士の学位を取得して大学を出ます。モンテッソーリの心をそんなにも深く揺さぶり、彼女の人生を変えるほどの影響力をもっていたのは、最悪の環境のなかにありながらも、手を使う活動に没頭する幼子の幸せに満ちた顔だったのです。

この時点ではまだ、モンテッソーリは自分がのちに幼児教育の世界に入っていこうなんて、夢にも思わなかったことでしょう。

ところが、やがて幼児教育に携わるようになっていく次のきっかけもやはり、手を使った活動に深く集中する幼子の幸せに満ちた姿に出会ったことでした。

「生きる力」を体系化したモンテッソーリ教育法

マリア・モンテッソーリは医学部の精神科を卒業後、障害児教育の分野で働きます。イタールやセガンという生理学に基づいて治療と教育を研究した先輩たちからたくさんの原理と技術を学び、その世界で大成功をおさめました。

彼女はさらにローマ大学の哲学科に籍をおき、哲学と教育について研究をはじめます。そのころ、ローマ周辺にあるサン・ロレンソというスラム街で、昼間働きに出た親たちから放り出された子どもたちを一か所に集め、なんとか悪いことをしないで過ごさせたいという慈善事業団体（当時はまだ、福祉事業なんて存在しない時代でした）の企画があり、責任者の役割がマリアにゆだねられることになります。

ここに集められた子どもたちが育ってきた環境は苛酷（かこく）で、生活条件も最低のものでした。ところが、人間的には悲惨などん底の生活をしていたその子どもたちの幸せそうな顔から、モンテッソーリは生涯の使命となる幼児教育の深みと神秘に出合うことになるのです。

モンテッソーリの生涯に決定的な影響を与えたのは、社会的には悲しく不幸に見える状況におかれた子どもたちが、至上の喜びと、誰からも奪われない幸せ感に満たされている姿だったのです。

モンテッソーリが、かつて障害児教育で成功した教具を作り直してこの子どもたちに与えたとき、モンテッソーリが予想しなかった現象が起こったのです。

この子どもたちはさまざまの教具を何度も吟味したあと、ついに自分がもっともやりたいと思う活動を選びとるや、それを繰り返し繰り返し続けるのです。それは時として40回、50回と繰り返され、2週間、3週間と続くことさえあるのです。そして、誰がやめさせたわけでもないのに、自分からそれをやめました。

自分からやめたあとの子どもの顔は、幸福感に満ちあふれていました。その子どもは内面から満たされ、安定し、素直になり、周囲の人への思いやりが深くなっていたのです。

その姿から輝き出る喜びは、何かができあがったから喜んでいるのではなく、「やり遂げた」「わかった」「できるようになった」という奥底に潜んでいた可能性が、自分の力として現れ出たことの実感からくるものでした。

子どもの真の喜びとか幸せは、このように、自分で選んで、自分のリズムで繰り返し、納得いくまでなし遂げたときに内面からあふれ出てくるのです。

それこそ、「生きる喜び」「生きる力」の実現なのです。

子どもが内面から深々と味わっている喜びや幸せを目撃したモンテッソーリは、この本物の喜びと幸せを子どもが実感することを保証してやる環境と道具を、注意深く研究しはじめました。

これが、やがてモンテッソーリ教育法として体系化していき、世界的に広がり、20世紀から21世紀へと世紀を超え、国境を超えて広がり、今日に至っているのです。

私たちは、このモンテッソーリ教育法の中核にある子どもの喜びと幸せをもっとも大事にし、子どもが幸せに生きていくためのほんとうの実力を、自ら活動することによって内面から獲得していけるように、よい教材や環境を、心をこめ、時間をかけ、ていねいに誠実に作り続けているのです。

「自立したい！」という子どもの願望

1歳後半になると、「する！」「自分でする！」という主張が出てきます。がんばって自分でしようとしていたのに、手間取るからといっておとながやってしまおうものなら、火がついたように怒りだします。わけのわからない大泣きや、すねて動かない強情の原因には、時として、自分でしようとしていたのにおとながやってしまったことへの怒りがあります。

●子どもは「自分でする」喜びを求めている

Aちゃんのママは、長女のAちゃんが急に不機嫌になって、なだめてもすかしてもぐずり続けるのに困っていました。しかも、夕食の準備の時間になると、そのぐずりがひどくなるのです。パパも、会社から帰ってくると娘がごねている日が続き、うんざりしていました。

ところがある夕食の準備のとき、ママがゆで卵を渡して「むいてちょうだい」と言うと、どうでしょう。急に目を輝かせてうれしそうにむきはじめました。それからは、いままでの不機嫌はどこへやら、にこにこ、うきうきしているのです。

ママはハッと気がつきました。

そういえば、ゆで卵があるときは必ず殻むきをしてもらっていたのに、あの日は急いでいたのでママがむいてしまったのでした。それ以来、娘のご機嫌が悪いので、ママは自分でむいていたのです。

でもAちゃんにしてみれば、自分でむくはずのゆで卵の殻をママがむいてしまうので、怒っていたのです。

パパは、「ああ、今日も娘がぐずっているか」と思うと、帰る足どりも重かったのに、なんときのうと打って変わってご機嫌さんの娘に出会ってビックリ。「いったい何があったの?」とママにたずねました。

ママが卵をゆではじめると、自分もゆで卵の殻をむくのだと楽しみにしていたAちゃんの期待に、ママが気づかなかったのです。


このように、2歳が近くなるころから、子どもは「自分でする」ことに大きな喜びを感じます。これは、子どものなかに意志の力がはっきりしてきて、随意筋肉(46ページ参照)という自分の意志で動かす筋肉を使いたい時期に入ったからです。

自分が「こうしたい」「これをしたい」と思ったことを自分の意志で行えるようになりたいのです。

ところが、「自分でしたい」と思っても、まだ自分の思いどおりに筋肉を動かせないのです。だから、この時期の子どもは、自分ができそうな機会を探し求め、意欲的に取り組みます。

うまくできないけれども、できるようになりたくてたまらないので、何度も何度も挑戦します。自分から取り組んだことは、おとなが感心してしまうほど、粘り強くあきらめないで繰り返すものです。

●自分を成長させる「おしごと」

自ら選んで繰り返す動きは、子どもが自立しようとする動きでもあります。人間はもう、このころから自立することに向かって一所懸命に努力するのです。

ところが、人間に授けられたこの自立への願望に気づかないで、おとなが手早くやってあげたり、子どもの必死の努力を無視して、おとなにとって価値があると思うおけいこ事に連れ回したり、ビデオ教材の前に座らせたりすると、人間に本来備わっている自立への願望がつぶされていきます。

そして、やってくれる人や助けに依存する習慣が身につき、自立のために努力をしない人になっていきます。

昨今、ニートの存在がテレビにもよく取りあげられていますが、そこで案じられていることは、自分で働いて「自立」して生きていけないことです。

子どもだから楽しくおかしく遊ぶのが大事だという考え方には欠陥があります。子どもにとって「遊ぶ」ことこそ最高だという考え方が日本の幼児教育界をおおっていますが、幼児期の遊びを無条件に礼賛する考え方には問題があります。

モンテッソーリは、「子どもも働く存在」だと言いました。子どもが働くのは、お金や家族のためではありません。その意味で、おとなの「仕事」と同義語で表現することに多少の無理があります。

でも、子どもは自分を「創る」ために働かなければならないのです。子どもが、ぎこちない動作でゆっくり、しかし真剣にボタンを留めているとしたら、それは「遊んでいる」のではなく、自立するために「働いている」のです。

幼児期は、人間のハードウエアにも相当する感覚器官や運動器官、そして脳を完成しなければならない時期です。だから、この時期の子どもの周囲には、「感覚器官を洗練(46ページ参照)することのできるもの」「運動器官を洗練したり鍛えたりすることのできるもの」を豊かに準備してやることや、脳をよく使うことのできる経験をたくさんさせてあげることが大切です。

感覚器官や運動器官がすでにできあがってしまったおとなが、おとなの価値観で「良い」と思ったものは、必ずしも子どもにとって価値があるとは限りません。

たとえば、この時期の子どもは一生のうちでこの時期一回きりというほどに全力投球で体を動かしたいのです。

ところが、都市化された現代社会には、子どもが思う存分に体を動かせるスペースがありません。外から家の中に追いこまれた子どもたちを待っているものは、テレビやビデオ、そしてゲームやパソコンです。

視覚だけしか使わない、しかも平面の電子画面しか見ないという悪条件に加えて、早期教育のビデオの前に座らせれば意義があると思いこんでいるおとなのせいで、子どもたちのメディア漬けは恒常化してきました。

その結果は、「新しい荒れ」といわれる、子どものさまざまな問題を生み出しています。

人間の幼児期に必要な経験が奪われていくばかりの文化のなかで、子育ての落とし穴を鋭く指摘した『人間になれない子どもたち』(清川輝基著・枻出版社)が、いままさに話題をよんでいます。

こんな時代にあって、モンテッソーリ教育法は表面的な文化の現象に流されないで、「自然のプログラム」に沿った教育環境や教育的援助を提供してきました。

つまり、見る、聴く、触れる、嗅ぐ、味わうという五感の一つひとつを洗練するために必要なもの、ありとあらゆる体の動かし方を身につけることのできる環境や経験、自分の知性のリズムでじっくり考えて動けるための援助などを、科学的な根拠に基づいて生み出し、子どもに提供してきたのです。

そのような配慮は、子どもが「自分でしたい!」と願う時期に、その自立への願望を自分で実現できるためのお手伝いなのです。

「して見せる」という教え方

子どもは「できない」のではなくて、「やり方がわからない」のです。

前述したように、この時期の子どもは「自分でしたい」「自分でできるようになりたい」のですが、まだやったことがないのでどうすればよいのかわからないのです。

どこを持てばよいのか、どこを押さえるのか、どこでひねるのか、といったことを知りたいのに、おとなはサッサとやってしまうので、はじめてする子どもにはよくわかりません。

しかも、まだ使ったことのない筋肉を使うのですから、うまくいくはずがありません。モタモタ手間取るのは当然のことなのです。

そのモタモタした手つきやヘマばかりするのを見ているおとなは、イライラしてきます。まかせておけないとか、待っていられない気持ちが先立ち、子どもの代わりに手早くやってしまいます。あるいは、「どうしてできないのっ！」とか「サッサとしなさい！」と声を荒立てるのです。

子どもは、「どうすればできるか」「どう動けばよいか」を知りたくてたまらないのです。おとなのスピードや感覚で判断するのではなく、子どもには子どもが理解できるやり方があることを、ぜひ、知っておきましょう。

●子どもの能力に合った教え方

この時期、子どものなかには、人がやっている動きを注意深く見る特別の力があります。見たとおりに、まるで鏡に映したように正確に動くミラー細胞（鏡神経細胞）の働きもひじょうに活発です。

だからこそ、「動き方」や「やり方」を教えるとき、この能力を生かす技術やコツがあります。口先だけではなく、「して見せる」という教え方です。

「して見せる」という教え方の技術には、いくつかの鉄則があります。

●まず、目的を実現するための必要不可欠な動作だけを取り出して、よく分析します。

●次に、分析した動きの一つひとつを、はっきり正確に区分し、順序立てて、子どもによく見えるようにして、黙って、ゆっくりと、して見せます。

●その際、とくに注意しなければならないことは、「言葉」と「動作」を別々にすることです。

●この時期の子どもは「動き方」に興味があるので、して見せてくれる動作にジッと見入ります。自分がほんとうにやりたいことであれば、「食い入るように見る」ものです。

●また、この時期は発達が未分化なので、「見る」ことと「聴く」ことを同時にすることは難しいのです。黙って動作だけを「して見せてもらう」ならば、それを見ている子どもの頭の中では、動作を追いながら順序をしっかりと憶(おぼ)えることができるのです。

こうやって、よく見て、憶えた動きを今度は自分でやってみるとき、子どもは「どこを持つのか」とか「次はどうするのか」を自分で考えて、先を予測しながら実行していきます。

●自分で考えて実行する人になる

このようにして幼児期に、日常生活の一つひとつの動作を、おとなからていねいにわかるように教えてもらった子どもは、毎日繰り返す日常生活の行為を自分で考えて実行することになります。

毎日、繰り返された活動は、確実に自分のものになっていくのです。

随意筋肉による運動を調整するこの時期に、自分の意志を働かせて、目的にかなった動き方を、意識して正確に実行することによって、動き方がじょうずになり、自分の行動の主人公になっていきます。

つまり自分が「こうしたい」と思ったら、思ったとおりに動ける人になるのです。それればかりではありません。記憶をたどり、先を予測しながら、脳の中で行動のプログラムを作って、主体者として行動するとき、その人の前頭葉が活発に働くのです。

毎日、繰り返す日常の動きの一つひとつを、「どうすれば自分ひとりでできるか」、はっきり、ゆっくり、わかるように、して見せてもらっている間、それを見ている子どもの前頭葉はよく働いていますが、さらに、その行為を再現するときには、前頭前野と運動前野が活発に働くのです。

その結果でしょうか。幼児期にしっかりと「して見せる」教え方をしてもらって動き方を学んだ子どもたちは、学童期以降に次のような共通の特徴を現してきます。

- 先を見通すことができる。
- 段取りがよい。
- 計画性がある。
- 臨機応変に状況に対応する。
- 何かを学ぶときに、ポイントをよく見抜き、的確に練習する。
- 人に教えたり助けたりするときに、相手が困難を感じているところを見て的確に助ける。

このような特徴は、脳科学が最近になって明らかにした前頭前野の働きに通じています。

「して見せる」という教え方を受けた子どもたちが、それを見ながら、さらには自分でその行為を再現しながら前頭前野をしっかり働かせていたといえないでしょうか。この検証は今後に待たれます。

いずれにせよ、「して見せる」という教え方をしてもらった子どもたちは、自分が選んだ活動に自分なりのリズムで集中し、その活動を完了したとき、内面からわき出る深い充実感や幸せ感に満たされます。

それればかりでなく、幼児期にその経験をたくさん積み重ねたことが、その後の人生を「善く生きる力」の源になっていることが、いままでの実績から明らかになってきているのです。

池田政純&則子 Message

「平和を築く人を育てたい」

政純 1978年に「くすのき保育園」を創立したのですが、当時の幼児教育は一斉教育で、雑然とした雰囲気が漂っていました。そんな世界にどのように入っていけばいいのか、正直、戸惑いがあって——。その2年後のことです。偶然モンテッソーリの著書を読み、一斉教育にはない確かな教育の道筋があること、人間形成には「秩序」(※)があることを直観したのです。この理論を本格的に学ぼうと思い、「東京国際モンテッソーリ教師トレーニングセンター」に行くことにしました。

則子 私もそこで、日常生活、感覚、数、言語、文化一般という五領域にわたって理論と実践を学びました。子どもの成長に対応してその各領域にある教材や教具が子どもの興味を引きつけていくのがわかり、子どもにとって何が興味点なのか、どのように援助すればよいのかなどを、トレーナーの松本静子先生から教わりました。

政純 松本先生は学生一人ひとりに、深くていねいにかかわってくださる先生でしたね。その真摯な姿勢から、子どもへの愛と生命を育てる尊さをじっくり教えられた気がします。

則子 理論と並行して、実践をしながら各領域の一つひとつを図解にまとめ、アルバムとして作りあげていくことがすごく役立ちました。保育だけでなく、生き方の土台も学んだ密度の濃い1年だったと思います。

政純 みんなが学ぶ喜びに燃えて、いっしょにモンテッソーリの著書を読みあったりもしましたよ。

則子 何よりも「敏感期」を知ったことがよかったですね。一人ひとりの発達の違いを理解したうえで、その子に応じた助けができますから。

政純 モンテッソーリ教育法は奥が深いんです。その魅力をまず、子どもを援助する先生方に伝えたい。マリア・モンテッソーリという人は、教育を通して平和を目標にしていたんですね。「善く」育った子どもたちこそが平和を築く人になるという哲学が、モンテッソーリにはあるのです。平和は「秩序」のうえに成り立ちます。モンテッソーリ教育では「秩序」がすべてを貫いていますから、園では「秩序」を大切にするよう心がけています。

則子 たとえば、あいさつや掃除のしかたから教材の作り方、与え方まで、あらゆる場面で「秩序」にかなって動ける人になってほしい。ですから生活行動と教育行動の両面において、先生方が自ら育ってくれるように努めています。「おとながまず育つこと」が肝心ではないでしょうか。

※ 46ページ参照

第

章

「敏感期」は、自然がくれた成長のためのチャンス

頑固なまでに何かにこだわったり、
同じことを何度も繰り返す子どもを前に、
途方に暮れた経験はありませんか。
それこそが、一生に一度だけ訪れる「敏感期」のサイン。
子どもはその時期、
強力にわきあがる生命エネルギーの力を借りて、
自立への道を歩みはじめているのです。
「敏感期」のふしぎを知れば、
〝困ったちゃん〟の誤解ともさようなら。
子育ての日々がまったく違ったものとなり、輝きだします。

一生に一度だけやってくる、敏感期の神秘

子どものなかには生まれながらに自然のプログラムがあり、それに突き動かされて「自分でしたい！」という欲求がわきあがってきます。じつは、幼児にはさまざまな動きや自立につながる能力を獲得するための「敏感期」という時期があるのです。

子どもの行動を理解するのに、敏感期は重要なキーワードです。敏感期とは、〈生き物が小さいときにある能力を得るため、環境のなかの特定の要素に対して、それをとらえる感受性が特別に敏感になってくる一定期間〉のことです。

モンテッソーリに敏感期のことを教えたド・フリース（1848〜1935年）というオランダの生物学者が、チョウの赤ちゃんを例に次のように説明しています。

「ある種のチョウは卵を産むとき、雨風があたっても比較的安全な、幹が枝に分かれる股の部分を選びます。ところが卵からかえったばかりの幼虫は、自分のまわりにある大きくて硬い葉っぱを食べることができません。幼虫が食べられるのは、枝のいちばん先にある柔らかい新芽だけなのです。

では、どうやって新芽を見つけることができるのか。それは、ちょうど新芽しか食べることができないその時期に、幼虫は光に対してひじょうに敏感になるのです。そして、明るいほうへと誘われて上に這（は）っていきます。

枝先にたどりついた幼虫は、柔らかい葉っぱをたっぷりと食べて成長していきます。大きな硬い葉も食べられるようになったころ、幼虫の、光に敏感に反応する感受性は消えてしまいます」

●敏感期を逃すことは終バスを逃すようなもの

「敏感期」（※1）はもともと、ド・フリースが見いだした生物学上の事実です。モンテッソーリはこれを人間の幼少期にあてはめ、「自分で選び」「集中する」現象こそ、敏感期のサインだと見抜きました。

「自分でしたい！」という欲求は、特定の感受性が刺激されることで生み出されてくる生命パワーにほかなりません。自然から与えられる一回限りの、その特別なエネルギーを利用するだけで、子どもは喜んでさまざまなことを学びとっていけることをモンテッソーリは突きとめたのです。

体の奥底から情熱がほとばしり出て、それ以外のものには目もくれず、それにかかわるために全力を尽くすのが敏感期です。

いつ、どのような敏感期が現れるのかはこのあと具体的に述べていきますが、子どもをじっくり観察し、いまは何をしたがっている時期なのかを見極めてあげることは、ひじょうに大切なことです。

少し前のことですが、固形物が食べられない、トイレに行きたいという意思表示もできない子どもが入園してきたことがありました。

かむ練習は歯の生えはじめ、トイレは3歳を過ぎると、自立が大変です。でも、その時期をとうに過ぎていたので、その子ができるようになるまでの先生たちの努力は、並大抵のものではありませんでした。

ところが数年後、その子の下のきょうだいが入園してきたとき、先生たちはがく然

※1　脳科学では、脳の発達過程において、ある一定の時期だけ、外界の特定の刺激に対する感受性が強くなる時期のことを「臨界期」、または「敏感期」「感受性期」と呼んでいます。

モンテッソーリのいう「敏感期」は現代でいうところの臨界期に似てはいますが、燃えあがるようなエネルギーが同時にわき出てくる点で、ちょっとニュアンスを異にします。

としました。上の子どもとまったく同じ状態だったのです。「放っておいても、上の子はしぜんとできるようになりましたから」と、お母さんは気にするようすもありません。職員一同、がっくりです。ご飯を食べること、トイレに行くこと、着替えることなど、一つひとつの基本の動きを、上の子がどれだけの時間とどれだけの手間をかけてできるようになったのか、そのお母さんはまるでわかっていなかったのです。

これは極端な例としても、せっかくの敏感期のサインをおとなが見ようとしなければ、あふれ出るエネルギーは生かされないのです。

幼児の動きや能力は、いっしょに暮らすおとなの考え方や意識のもち方、生活環境に大きく左右されます。はしの持ち方ひとつでも、3、4歳ごろ、随意筋肉を調整する敏感期であれば、子どもは喜んではしを持つ手の動きを獲得しようと努力します。努力というより、トライするのが楽しい時期なのです。おまけに、短期間でたやすく身につけることができます。

ところが、敏感期を過ぎ、変なくせがついてしまうと、はしを正しく持ち直すのにたいへんな苦労や時間がかかります。あげくの果てにうまく持てないまま大きくなることも。「うまくできなかった」という思いは、トラウマにもなりかねません。

その時期の発達プログラムに合わせ、その動きを身につけさせてあげることの意味は、想像以上に大きなものがあるのです。

敏感期を逃すことは、終バスに乗り遅れたり、セーターに編み落としの目を作るようなものだとモンテッソーリは言います。弟子のスタンディングが、ブラックユーモアを交えてこんな表現をしています。

「大多数のおとなは、自分の肉体的、社会的な仕上がりのなかに、編み落としのあることを痛感しています。敏感期に、それに応えるふさわしい環境があったならば、これほどまでに体の動きがぎこちなく、色彩感覚にとぼしく、芸術に無知で、計算に弱く、発音はぶざまで、読めないような字を書き、人なかでは気恥ずかしく、人に頼り、決断力に欠けるといったような人間には成長しなかったでしょう」と。

●敏感期の力を借りて自分を完成

人は未完成な状態で生まれてくる生き物です。

1歳ごろにやっと二本の足で立ち、自分の体を思うように動かせるようになるのは6、7歳です。精神的自立の基盤ができるのはもっとあと、10歳ごろといわれています。子どもは体の機能を完成させ、それを使いながら10年かかって人間の基本の脳をつくりあげなくてはならないのです(※2)。

そのために自然が用意してくれたのが敏感期です。その時期特有の生命エネルギーを利用することで、子どもは苦労することなく、楽に自然からの成長プログラムをこなし、人間性を豊かにふくらませていけます。

30年近くもの間、現場で0歳児の赤ちゃんから6歳ごろまでの子どもをたくさん見てきていますと、子どもの動きがどう変化し、体や心はどんなふうに発達するのか、知性がどのように芽生えだすのか、そのときどきで子どもは何に興味をもつのか、という一連の流れがくっきり浮かびあがるように見えてきます。

敏感期が子どもたちのなかで次から次へと現れ、そのエネルギーをピタリと受け止

※2　脳科学者の澤口俊之先生は、『幼児教育と脳』(文春新書)の中で、「人はどんな環境に生まれるかわからない。また、環境との相互作用の結果として脳を作り上げたほうが、その環境にうまく適応できる。そこで、生まれてから比較的短時間でその環境にふさわしい基本的機能を獲得できるような性質を、私たち哺乳類は進化させてきた」と述べています。
人は精神的未熟児として生まれ、10年かかって成長するといわれるゆえんです。

める活動と合ったとき、子どもはじつにいきいきとした表情を見せてくれるのです。

敏感期を理解すれば、子育てがおもしろくなる

子どもがグズグズと駄々をこね、お母さんお父さんが子どもを叱りつけている場面をよく目にします。最初はやさしく諭(さと)すように注意していても、あまりにも子どもが強情なため、親側のイライラはどんどん助長されていきます。

つい声を荒らげたり、実力行使で子どもを抱きかかえて、自分の思いどおりにさせようとしがちです。子どもはますます泣き叫び、体全体で抵抗し、親子の険悪ムードは増すばかりです。

いい親でありたい、いい子に育てたいと願っているのに、なぜこうなってしまうのかしらと悩んでいるお母さん（お父さん）、子どもとの攻防に疲れはてて育児に自信をなくしているおとなのみなさん。じつは、子どもが我(が)を張るのにはわけがあるのです。聞き分けのない悪い子になるのではなく、親に反抗するのでもなく、この時期の子どもたちは自分の成長のために、あることに〝敏感になる必要〟があるのです。

●〝困ったちゃん〟は、敏感期のサイン

敏感期のなかでもとくに興味深いのが「秩序感」です。子どもは2歳前後をピークに、いつもの場所、いつもの順序、いつもの習慣など、秩序に対する頑固なまでのこだわりを見せます。

いくつか、秩序感に関する〝困ったちゃん〟のエピソードを紹介しましょう。

●いつもニコニコうれしそうに食べるBくんが、いきなり泣きだしました。スプーンケースの中から、いつもと違うスプーンが出てきたのです。お母さんが幼児クラスにいるお兄ちゃんのものと入れ間違えたもよう。それに気づいた先生が、すぐにお兄ちゃんのと取り替えてきました。するとどうでしょう。Bくんはピタッと泣きやみ、何もなかったかのように、ニコニコと食べはじめました。

●園ではパジャマに着替えるとき、靴下を脱いでからパジャマのズボンをはくのですが、ある日Aちゃんはよそ見をしていて、靴下をはいたままズボンをはいてしまいました。おとななら「じゃあ、靴下をいまから脱ごう」となりますが、Aちゃんは、①まずパジャマのズボンを脱ぎ、②靴下を脱いで、③それから再び、パジャマのズボンをはく、のでなければ気がすみませんでした。

おとなから見たら、何でもないことばかりです。ささいなことに頑強にこだわる子どもにあきれたり、怒ったり、無視したりしがちです。

ところがこの時期、子どもは、同じものが同じ場所にあることで、脳や体に環境や空間構造を認知させているのです。同じことが同じように行われることで、次を予測し、自分のなかに準備を整える道筋をつくりあげているのです。

場所、順番、習慣などをいつもと同じに厳格に守ろうとしたがるのは、一個の人間として自立していくために自分と周囲の世界との関係を築きあげ、自分の位置を確認しておかなくてはならないからです。いわば、この世界で生きていくための羅針盤を手に入れようとしているときに、それを引っくり返された子どもが混乱し、不安定になり、泣いたり怒ったりするのは当然のことなのです。

秩序感のほかにも、〝困ったちゃん〟が現れる敏感期について、二、三、触れておきましょう。

「4歳の息子が、私が着替えをしているとサッと寄ってきて、スリップを触りたがるのです。ちょっと気味が悪いし、この先、どうなるのかと……」と心配しているお母さんがいましたが、これは子どもが「触覚の敏感期」にいるからです。すべすべ、ツルツルしたものにとくに興味があり、その触り心地を子どもは楽しんでいるだけなのです。

また、「お気に入りのタオルケットを洗ったところ、泣いて怒るのです。汚れも気になるし、困ってしまって」というたぐいの話をよく聞きます。これは、子どもが「嗅覚(きゅうかく)の敏感期」にいるからです。ボロボロになったぬいぐるみを毎晩抱いて寝たり、おとなから見ればただのきたない布きれなのに、それがないと火がついたように泣きだす子どももいます。これは、慣れ親しんだ自分のにおいがなくなってしまうことに、不安を覚えるからだと思われます。

敏感期には、その時期だけに現れる子どもの強い願望や傾向があります。それを知っておくだけで、子どもの不可解な行動の秘密がパーッと見えてきます。

「なあんだ、そういうことだったのか」とわかれば、親の不安やいらだちはスーッと消えていきます。それどころか、子どものそのしぐさやこだわりがおもしろく思えたり、生命の法則のふしぎさに感動したりします。

子どもを見る視点が180度変わり、子どもをほほえましく見守る余裕が生まれ、子育てが楽しく有意義なものになってくるはずです。

〝困ったちゃん〟の心の内がわかれば、子どもはおとなに反抗しているのではなく、自然の成長プログラムに従っているだけだということがわかります。

子どもに近づき子どもの世界のふしぎをのぞき、子どもと仲良しになりましょう。

そして、敏感期に合った環境を用意し、子どもが楽にその時期の成長を遂げることができるよう、サポートしたいものです。

●動きを意識的に日々の生活に生かす

子どもは基本的に、「動く」ことで自立していきます。3歳未満では動くことそのものを楽しみ、3歳以降では複雑な動きや調整された動きに挑戦することに喜びを覚えます。その副産物として、集中力や前向きに考える力や独立心が育ち、子どもの生命エネルギーと知性のエネルギーが統合して精神面が育っていきます。

本書が子どもの体や脳や精神を育てていく「運動の敏感期」と「感覚の敏感期」にフォーカスし、家庭のなかでできる活動や手作り遊具のヒントを紹介しているのは、「動き」がすべての基礎だからです。そして、毎日の生活のなかでその「動き」が生かされ、繰り返されていくような発見や工夫をしてほしいからです。

敏感期は、目の前の子どもがいま、自然のプログラムのどこにいるのかを知る判断材料です。意識がグーッと高まってくる敏感期を見極め、それに合わせて環境を用意すれば、子どもは自然の力に後押しされて、のびやかに成長するのです(※3)。

最近、「敏感期イコール、吸収力が旺盛な子どもの脳を利用した英才教育の時期」

※3　敏感期は、幼児期に一度しか来ない大切な時期です。でも、敏感期が終わったからといって、すべてが手遅れというわけではありません。人間の脳は、いくつになっても進歩できることがわかってきています。気づいたときが前進のチャンス。意識の高まりは、年齢や時期に関係なく、強いエネルギーを生み出してくれます。

ととらえる人もいるようですが、モンテッソーリのいう敏感期は、人間としての根源的、総合的な成長に視点を合わせています。考える力を育み、豊かな人間性を花開かせるために自然が特別なエネルギーをくれる時期、それがモンテッソーリ理論での敏感期なのです。

敏感期の秘密のパワー

子どもの敏感期は、ほぼ同じころに同じパターンでやってきます。もちろん、多少の個人差はありますし、ある日突然始まり、ある日突然終わるというものでもありません。

敏感期は、そのことに対する意識が高まってきたときに始まり、子どもがグッと入りこんで集中しているようすが見られるうちは、その敏感期の真っ最中といえます。子どもの興味がだんだん薄れてきたら、次の段階に入った証拠です。そうやって子どもは、敏感期の課題をクリアし、自分を成長させていくのです。

次に紹介するのは、これだけは知っておいてほしい、代表的な敏感期です。

●吸収する心（0～3歳ごろ）

乾いたスポンジがぐんぐん水を吸うように、あるいは写真に撮るような正確さで、自分の身の回りで起こっている出来事をそっくりそのまま吸収します。良い悪いや好き嫌いの別なく、すべてを貪欲に自分のなかにためこむのです。

その並外れた吸収力は、とくに言葉に対して発揮されます。周囲で話されている言葉を、発音や単語はもとより、文法のルールごと獲得し、正確に自分のものにしていきます。

●秩序感（生後数か月～4歳ごろ。ピークは2、3歳）

先ほど述べたように、子どもは「秩序感」なしには安心して動けません。いつもと同じ場所、同じ順番、同じ習慣は、子どもにとって喜びであり調和そのものなのです。また、秩序には筋肉秩序と精神秩序があり、心身両面から子どもを支えていく基盤になっています。

●言語の爆発期（1歳終わり～2歳代）

子どもは言葉を、体験を通して覚えていきます。動きが活発になる1歳終わりごろから、急に言葉を覚えておしゃべりになるのはそのせいです。

●感覚（3～6歳ごろ。ピークは4歳前後）

生まれてから3歳ごろまでは、あらゆる感覚を吸収し、ためこむ時期です。赤ちゃんが見つけたものを片っ端から手で触ったり振ってみたり、口の中に入れているのは、視覚、触覚、聴覚、嗅覚、あるいは舌の感覚や味などで、身の回りにあるものの印象をためこんでいるのです。

五感を洗練させる感覚の敏感期は、3歳ごろからはじまります。それまでにためこんだ膨大な印象を整理整とんし、精神を秩序立てるには、あらゆることを区別できる洗練された五感が必要となってきます。そのため、この時期の子どもは、おとなが気がつかないような音やにおいや感触などのわずかな違いにとても敏感になります。五感を通して脳に刺激を伝え、区別するという知性の働きを使いだす時期でもあります。

●運動（0～3歳ごろ／3～6歳ごろ）

感覚の敏感期とともに、ひじょうに重要な敏感期です。というのも、学びとる力は「動き」を通して、運動の敏感期に育まれるからです。

3歳ごろまでは、基本の動きを身につける敏感期です。手や指や腕を使った比較的簡単な動きができるものを目ざとく見つけ出し、何度も何度も繰り返します。小さな子どもが喜々としてティッシュペーパーを引き出しているのを見たことがありますが、まさしく「引く」動きの敏感期といえましょう。全身運動では、這う、歩くなどがメインになります。

体の各器官が発達する3歳ごろからは、自分の意志で動かす筋肉の調整期に入ります。子どもはこの時期に、あらゆる種類の体の使い方を覚えなくてはなりません。①飛ぶ、はねる、走るなど、体全体を使う大きな動き、②平衡感覚を養うバランスを保つ動き、③手と腕をしっかり使ったり、道具を使う動き、④指先を洗練させる動きなど、さまざまな動きに挑戦したがります。人生のなかで一度だけ、精いっぱい努力して動く時期です。とくに4歳前後から、複雑かつダイナミックな動きの調整期に入り、体全体として調和のある動きをすることに興味を示します。

子どもはこの時期、こんな動きをしたがっている

年齢	表面に現れてくる運動能力	獲得&洗練したがっている動きや感覚	内面で起こっている変化やわき出してくる欲求
0歳	手をのばす なめる 音のするほうを向く	触る 触覚・聴覚の目覚め	**吸収する心**（0～3歳ごろ） 手を使うことで意識が目覚めだす **運動の敏感期** （基本の動きの獲得期・0～3歳ごろ）
6か月	握力がついてくる おすわりをする	握る・振る 転がす 動くものをジッと見る 小さなものを見る	触る、見る、聴く、嗅ぐなどの行動を意識しはじめる
10か月	腹這いをする	引く・はがす 落とす・押す	

年齢	表面に現れてくる運動能力	獲得&洗練したがっている動きや感覚	内面で起こっている変化やわき出してくる欲求
1歳	立ち上がる 歩きだす いろいろな手の動きをする	たたく・積む 開閉する 持ち運ぶ はめる・さす 視覚・聴覚・触覚 嗅覚・味覚が 発達しはじめる	「イヤ!」。干渉してほしくない
1歳6か月	腕と足の力が出てくる よじ登る 重いものを持ち運ぶ 階段を昇り降りする 走る	つなげる・はさむ 通す・対にする つまむ・はずす 穴を開ける・回す シールを貼る 簡単な分類が できるようになる においや味を 覚えはじめる	もてる力を最大限に出しきりたい 自分でしたい **言語の爆発期** (1歳終わり~2歳代) 何でもまねしたがる おしゃべりしたい 「これ、何?」

2歳

動きのまねが
できるようになる

2歳6か月

手と目が同時に
関連しあう動作が
スムーズになってくる

手や指や手首がうまく
動かせるようになる

巻く・かける
あけ移す・分ける
ねじる・裏返す
たたむ・並べる

切る

結ぶ

秩序の敏感期
（生後数か月～4歳ごろ。
とくに2～3歳のころに強まる）

自分にできないところだけ、助けてほしい

言語活動が活発になる
思考に少しずつ論理性が出はじめる

「ひとりでするのを手伝って!」

年齢	表面に現れてくる運動能力	獲得&洗練したがっている動きや感覚	内面で起こっている変化やわき出してくる欲求
3歳	身の回りの基本的なことができるようになる 全身のバランスがとれるようになる	折る 縫う のりで貼る しぼる 五感がとぎ澄まされてくる	**運動の敏感期**（調整期・3～6歳ごろ） 組み合わせた動きや創造につながる動きをしたい **感覚の敏感期**（洗練期・3～6歳ごろ） 吸収した感覚をもとに、考える力や創造する力が芽生えてくる 自我が目覚め、意志がはっきりしてくる **文字の敏感期**（4歳前～5歳半） 形に興味が出はじめ、そこから文字への関心が芽生える

4歳〜

指先が自由に
使いこなせるようになる

編む
基本の動きが組み合わさった複雑な動き
ダイナミックさと繊細さが
調和するさまざまな動き

数や文化の敏感期（4歳前後〜）
数や量、形に対する認識が深まる

モンテッソーリの考え方に親しむための、言葉のお約束

モンテッソーリ教育法では、
キーワードとして用いる特別な表現があります。
本書のなかで、何度も出てくる言葉の意味や意図を説明します。

随意筋肉

筋肉は生理学上、自分で随意的に収縮させることのできる「随意筋」と、自律神経系の支配下にあって自分の意志では動かせない「不随意筋」の二つに分類されます。

本書では、教育法において〝筋肉〟（動き）の重要性に注目したモンテッソーリの視点を強調するため、随意筋を「随意筋肉」と表現しています。

秩序

「秩序」は、モンテッソーリ教育法の重要なキーワードです。

通常は、「物事の正しい順序」とか、「社会を構成するさまざまな要素が、一定の規律のもと、互いに関連しあい、調和している状態」の意味で使われる言葉ですが、本書での「秩序」や「秩序感」は、人間の体のなかに潜む「自然のプログラム」の法則や順序を指します。子どものなかに、生まれながらに組みこまれている「生命の秘密」のことであり、社会的な意味あいでの「秩序」とは異なります。

洗練

「洗練」も、モンテッソーリ教育法のキーワードの一つです。

一般的には「優雅で上品なものに磨きあげること」の意味ですが、本書では、「熟練をしていく」「やりこんでいく」といったニュアンスで「洗練」という言葉を用いています。

第

章

子どもたちの、心の声

──「くすのき保育園」の日常から──

モンテッソーリ教育法を取り入れて27年。
初期のころ、自分からは何も動こうとしなかった子どもが
自分で考えることをはじめ、
意欲的に行動するようになったときの驚きと感動は、
いまも忘れることができません。
子どもがみるみるうちにイキイキしてくる、
その手応えがうれしく、毎年、
どうすればその子のもてる可能性を
最大限に引き出すお手伝いができるか、
こまやかな観察を続けています。
子どもたちは、自分を尊重し、
あたたかく見守ってくれる信頼できるおとなを求めています。
現場から、子どもの心の声をお届けします。

自分が自分の主人公になりたい！

「自分でするのっ！」

朝、泣いているRくんを連れてお母さんがやってきました。「時間がなく、私が靴をはかせたら泣きだしてしまって」と困惑顔です。Rくんはいつもは自分ではいていく靴を選び、自分のペースで靴をはいていたもよう。自分の行動の主人公になれなかったことが、Rくんにはくやしかったのです。

次は、Kちゃんの例です。パジャマのスナップボタンを自分で留めようとしだしたのですが、なかなかうまくいきません。そこで、留めやすい指の位置と動きを教えたところ、「あとはKちゃんがする！」と、黙ってスナップボタンと格闘しはじめました。

1日たち2日たち、1週間がたっても、スナップボタンは留まりそうにありません。Kちゃんはと見れば、いつもと違う真剣な表情で集中しています。スナップボタン留めを自分のものにしようと頑張っているのを感じ、何度も手助けしたくなるのを抑えながら、ようすを見ていました。

ある日ついに、「パチン」と音がしました。本人も手応えを感じたのでしょう。「できた！」とうれしそうです。次の日には2か所留めることができ、スナップボタン留めは日に日に上達していきました。どんなにはまらなくても、「先生、してほしい」と言いにこなかったKちゃん。自分でしたいという気持ちが、ほんとうに強かったのですね。

1歳半くらいになると、RくんやKちゃんのように、「自分でする！」という言葉が急激に飛び出します。自我が芽生え、何でも自分でしたい時期に入った証拠です。めんどうだからとおとながヒョイとやってしまうと、子どものやる気がそがれ、代わりにやっ

子どもが取り出しやすい低い棚。

子どもが選び、子どもが片づける

今日する活動は、子どもが自分で決めます。自由に選んで活動したあとは、教具をもとどおりにそろえてお片づけ。最初にあった棚にきれいに戻すところまで、子どもが責任をもって行います。

トレイにセットすることで、きれいに片づく。

一人ひとりが「やりたいこと」に集中

同じ部屋の中で、3〜5歳の子どもたちが違う活動をしています。それぞれが自分のやりたいことをやっているので、騒々しさがありません。子どもが深く集中している姿を見たおとなは驚いてしまいます。

手前から奥に向かって、5歳児、4歳児、3歳児のスペース。

てもらうことが当たり前、というふうにもなりかねません。子どもの能力やペースに合わせ、自分でできる喜びをもてるように、おとなが忍耐強く見守ってあげましょう。

「わからないところ、困っている部分だけサポートして！」

お姉ちゃんが一人でズボンをはくのを見ていた1歳児のAちゃん。ある日、「Aちゃんも自分ではく！」とズボンを引っぱりました。でも、いざはいてみると「あれ?」。前と後ろが逆です。ズボンの向きがわかるように前にボタンをつけてあげたところ、Aちゃんは自分でボタンの位置を確認して、一人でちゃんとはけるようになりました。

1歳半から2歳半くらいの子どもは、自分で服を着たり靴をはいたりしたいのだけれど、まだまだ、うまくできないことが多いのです。パンツやズボン、靴下に前がわかる印をつける、はきやすいシンプルな形の靴や、ウエストがゴムのズボンやスカートを買ってあげるなど、自分で脱ぎ着できるタイプのものを選んであげましょう。

子どもは「どっちが前?」といちいち聞かずにすみますし、「それは反対」と訂正されて自尊心が傷つくこともありません。毎日、「自分でできた」という満足感が、子どもをいっそう意欲的にしていきます。そうすれば、お母さんのイライラもとれます。

乳児クラスのSちゃんも、自分でスプーンが持てるようになり、自分ですくって食べたいという欲求が強くなってきました。でも、すくうことはできても、口に入れる瞬間に食べ物を落としてしまいます。そこで、食べ物をスプーンですくえる大きさに分けておき、すくうところはSちゃんにまかせて、口に運ぶときだけ、手を添えてあげました。

一から十までの口出しや支配ではなく、そばにいて、必要なときは見守ってあげているよ、というあたたかいまなざしを子どもは求めているのです。一人の人間として認め、必要な部分だけを支えてくれるおとなを子どもは信頼するのです。

夢中で同じものを折り続ける3歳児。

横から口出ししない

子どもには子どもの目的があります。「同じことばっかり」とか「次はあれをしたら」と口出しするのではなく、心ゆくまでやらせてあげることが大事。結果ではなく、繰り返すプロセスが重要なのです。

一人でできたと思えるような工夫

直接的に手をさしのべる援助ではなく、子どもが自ら間違いに気づけたり、うまくできないところだけを手伝ってあげる補助的なサポートを心がけています。そのためにも、子どもにとって不自由な部分が何なのかを、つねにチェック！

前に目印のボタンをつけた衣類。

必要なときは個別に先生が対応し、同じ目線で見守る。

子どものペースにきめ細かく対応

園では、数人の先生が一人ひとりの子どもを静かに見回っています。先生対子どもという関係ではなく、子どもの援助者として、わからないところ、困っている部分だけをポイント的に「して見せてあげる」のです。一斉教育ではできない個別対応が可能です。

心地よい、秩序感のある環境が好き

「いつもの場所、いつもの順序、同じお約束でね」

2歳児のSちゃんはいま、はさみで切る活動に夢中です。同じことを同じ順番でしたがる「秩序の敏感期」の真っ最中、こんなおもしろい姿が見られます。

①はさみの入ったトレイを机まで運ぶ、②切りたい紙の入った容器を運ぶ、③いすに座る、④紙を切る、⑤容器内の紙がなくなると席を立つ、⑥ビニール袋を取ってくる、⑦切りくずをビニール袋に入れる、⑧ビニール袋を指定場所に片づける、⑨からっぽになった容器を片づける、⑩はさみの入った容器を片づける。

Sちゃんは一日に、①から⑩までの動きを3～4回は繰り返します。

何回も切るのだから紙だけを取ってきたらいいのに、とおとなは思うところですが、この一連の動作を順番どおりにしようとする、この時期独特のこだわりがあるのです。先生ができることは、Sちゃんを見守り、思う存分切り続けられるよう、紙を補充してあげることです。

園にある教具はすべて、同じ場所に置かれています。「今日は〝のり貼り〟をしよう」「〝はさみ〟をしよう」と目的をもって登園してきた子どもたちは、いつもの場所に直行します。

そして、自分がしたいことをするためには何と何が必要かを考え、Sちゃんのように自主的に準備するのです。

いつもの場所に同じ道具や材料があることで、子どもは安心して自分の計画を進めることができます。だから、道具や教具の位置が少しでも変わっていると、「違ってる！」

マットの上にだけ教具を広げて、きれいに活動。

子どもは約束事が大好き

子どもは散らかし放題、時間も守れないという認識は間違いです。子どもにわかる方法で、あらかじめ時間も空間も区切っておくことです。ルールがあることでかえって気持ちが安定し、子どもは落ちついて活動に専念できるのです。

順番どおりに置くと、あとが楽！

かごの半分は、脱いだ服を置くスペースとしてつねにあけておきます。服は脱いだ順にたたんで重ねて置くので、次に着るときには上から順番に着ればOK。シンプルでわかりやすい方法です。

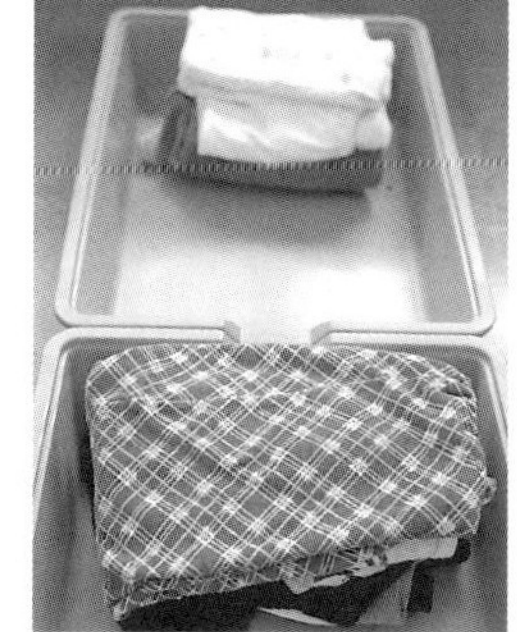

着替えることは、体と気持ちの切り替えにも……。

帰宅前の紙芝居やゲームは、全員が心待ちにするお楽しみイベント。

一日をリズミカルに構成する

登園後、自分で選んだ活動に集中し、そのあとみんなで外遊び、給食、お昼寝、帰る前のお話や紙芝居etc。静動のバランスと心身のコントロールがうまくかみ合うよう、カリキュラムを組んでいます。子どもたちには、いつもと同じ生活パターンが心地よい要素に……。

とすぐに言いにきます。

給食のあとではしを箱に片づけるときも、ちょっとでもはしの位置がずれていると、次の子は必ず直していきます。

教具の位置がいつもと違ったり、きちんと片づいていなかったりすると、子どもはいやな気持ち、不安な気持ちになるのです。通園時、いつもと同じ道を通らないと駄々をこねるのも同じ理由です。

秩序や約束事を手がかりに、子どもは世のなかの仕組みや、自分がどう動いていったらいいのかを学んでいるのです。

「シンプルでわかりやすくてきれいなのがいい!」

子どもはおとなが考える以上に、本質を見抜いたり、美しいものに対して敏感な感性をもっています。ごてごて飾りつけたものより、シンプルだけど機能美あふれるものを好むのです。

教具も、要素が一つだけのわかりやすいものが好きなのはそのせいです。また、清潔ですっきり整理整とんされた室内にいると、気持ちが落ちつくようです。子どもを取り巻く環境が、おとなの勝手な思いこみで〝子どもだまし〟にならないよう、注意してください。

そして、私たちおとなも人的な環境だということをお忘れなく。子どもはおとなの服装や身だしなみなど、じつによく見ています。

美しさや本物への憧れをもっているこの時期、環境をきれいに整え、子どもの感性を豊かに育んであげたいものです。自ら進んで整理整とんしたり、きれいにすることを習慣づけるチャンスでもあります。

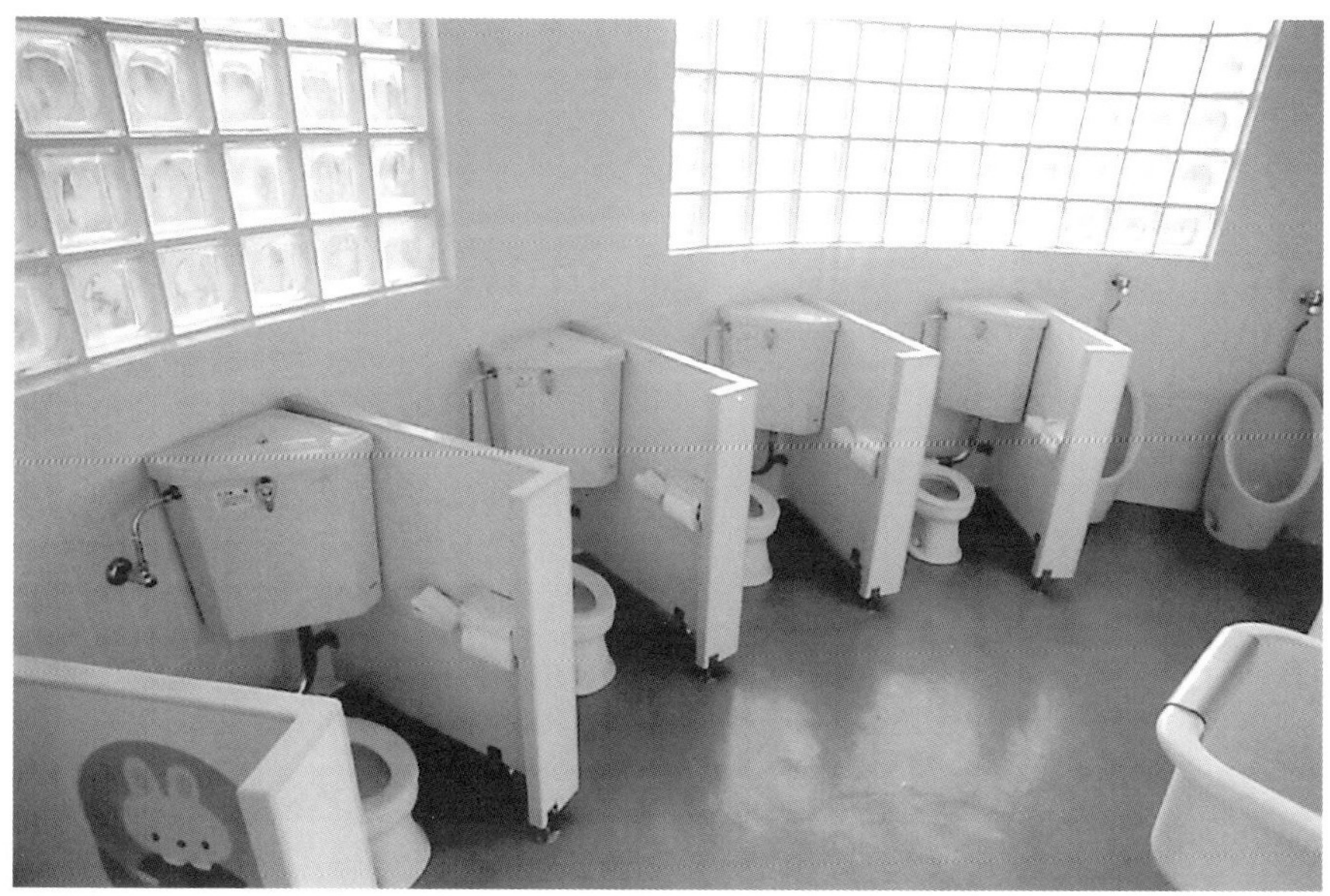

毎日、先生たちが手で磨きあげるトイレ。

気持ちのいい環境づくり

園では、掃除を念入りにしています。衛生面はもちろんですが、美的な要素を大切にしたいのです。きれいな環境にすることで、子ども側にも「心地よい」「きれいに使おう」という感覚が芽生えてきます。

隅にしつらえられた集中コーナーは大人気。

室内も、すっきり整理整とん

道具や教具類は棚にきちんと並べ、机の上には何一つ置かず、壁面も、子どもの作品以外は飾りつけないのが原則です。子どもが喜ぶからとキャラクターを置いたり貼ったりすると、かえって子どもの気が散ります。

成長できる人間関係の輪をつくって！

「早く、おにいちゃん　おねえちゃんになりたい！」

縦割り保育に不安をもつ保護者が多いようです。年長さんが年少さんに足を引っぱられ、年少は背伸びを強要される、というイメージがあるのですね。でも、実際はまるで逆。縦割りの良さは、子どもたちがいちばんよく知っています。

ある日、3歳児のDちゃんは、5歳のおねえちゃんたちがスキップをする姿を見ていました。「すごいなあ、やりたいなあ」。

次の日、意を決して、Dちゃんは園庭でスキップの練習をはじめました。するとおねえちゃんたちが寄ってきて、「いっしょにやろう」と誘ってくれたのです。「こっちの足をあげるんやで！　次はこっち！」、「ジャンプ！　ジャンプ！」。

子どもにとって、少し大きなおにいさんやおねえさんに、「こうするんだよ」と教えてもらうことは、とても受け入れやすいようです。とかくおとなは、口で次々と言ってしまいがち。その点、年長さんはちょっと前に自分が体験したばかりなので、大事なポイントを見抜いたり、必要なことだけを声かけするタイミングが絶妙です。

Dちゃんに声かけした年長さんたちも、じつは先生や上のクラスのお友だちに、こんなふうに教えてもらっていたのです。自分ができるようになったいま、今度はしてもらったことを、下のお友だちにしてあげたいと思ったのですね。

年少には年長への憧れと信頼と尊敬が生まれ、やさしくしてもらうということはどういうことかが実感としてわかります。

一方の年長には、思いやりの心やリーダーとしての意識が育ちます。さらに、教える

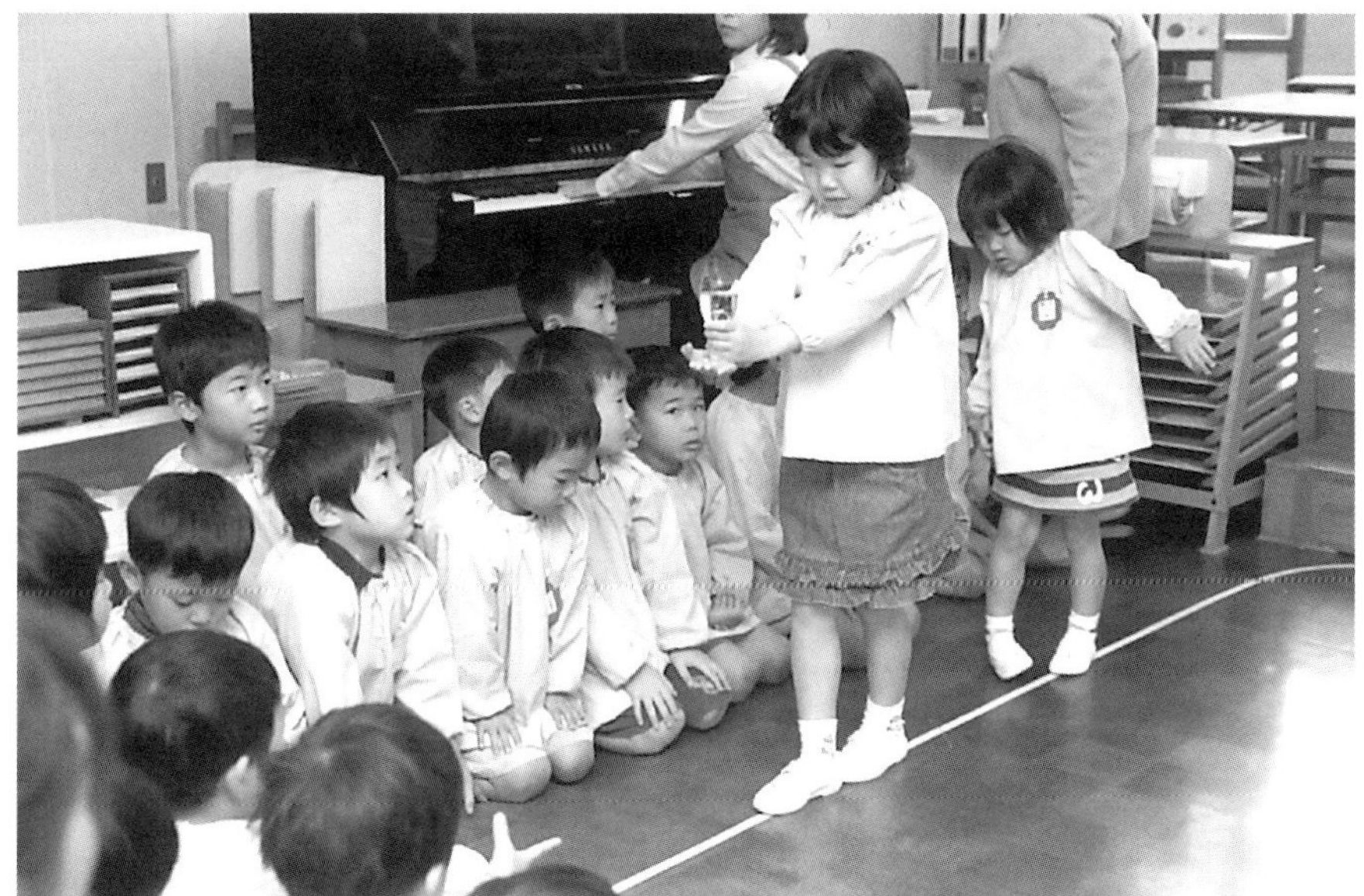

体と心の動きをコントロールしながら線上を歩く「静粛（せいしゅく）のゲーム」に挑戦！　年中は年長をまねて、一所懸命、精神集中。

憧れの年長さんがいつも身近に

年の違う子どもたちと触れあう機会のある縦割り保育では、しぜんと協調性や社会性が身についていきます。年上の見本が目の前にあると、子どもは自立への憧れを強くもち、困難を乗り越える努力を惜しまないように。年長側にも思いやりの心が豊かに育ちます。

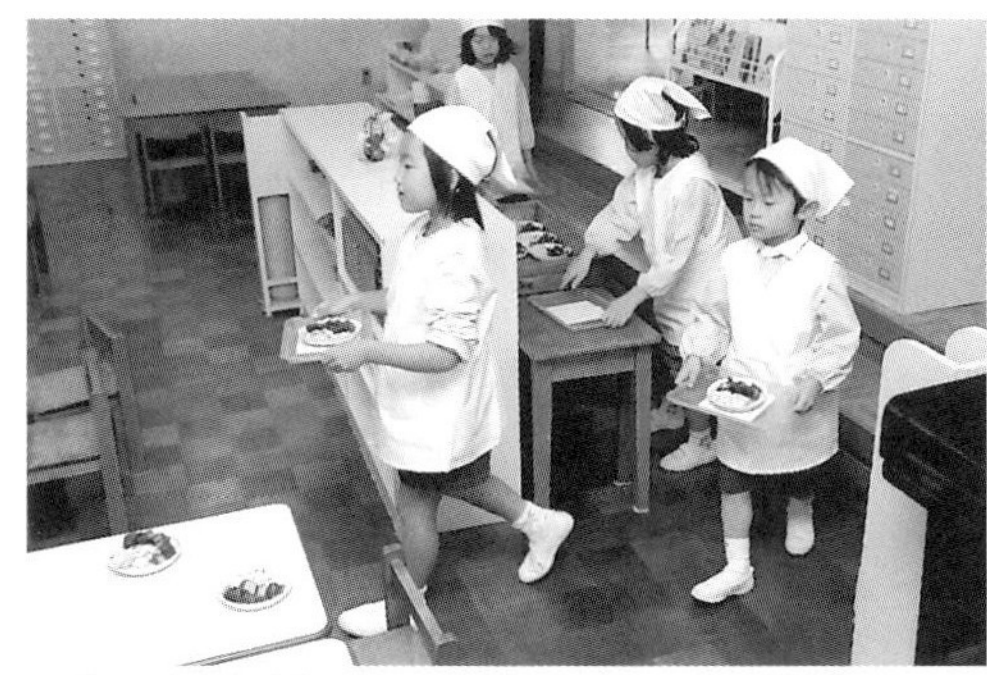

エプロンと三角巾をつけて、気持ちもピシッと配膳活動。

誇らしいお手伝い

お手伝い当番を心待ちにしている年長さん。みんなの先頭にたって、みんなの世話ができることを、誇りに感じています。自分が何かをまかされ、最後までやり遂げたという達成感が、子どもの心を満たしていくのです。

あっという間に、部屋いっぱいのふとん敷きが終了。

喜びを知ったり、教えることで自分の考えや行動がきちんと整理され、確実なものになるという点も見逃せません。

縦割り保育では、このすばらしい心や実りが連綿と受け継がれていくのです。してもらうことばかりを求めがちな現代において、人にしてあげる行動がいかに精神的自立を助けるか、おとなの私たちもあらためて教えられる思いです。

「おとなはお手本を見せてね」

廊下の向こうから、3歳児のRくんが歩いてきました。靴箱の近くでサッとしゃがみ、来客用のスリッパがバラけているのをきれいにそろえています。そのしぜんで美しいしぐさに、しばらく見とれてしまいました。きっと、家でお母さんがしている姿を見ているのですね。

子どもはいつも、まわりのおとなを見て、その「動き」をまねています。いいからまねる、悪いからまねしない、という意識は、とくに3歳未満の子どもたちにはありません。

ですから、給食のとき先生が両手で茶碗を持って片づけていると、子どもたちも茶碗を両手で持ちはじめます。いすを移動させるとき音がしないようにそっと置くと、子どもたちもそっと置いています。

朝夕のあいさつも毎日心をこめてきれいにしていると、子どもたちだけでなく、お母さんまでていねいにあいさつを返してくれるようになりました。

あらゆる環境をグングン吸収していく幼児期の子どもに対して、おとなが率先して変わっていける謙虚さや柔軟性をもちたいと、いつも考えています。

園児も、ていねいにごあいさつ。

あいさつは人間関係の基本

手の位置やおじぎの角度、言葉遣いまで、子どもたちはすべてを見聞きしています。しぐさや言葉に心がこもっているかも、ちゃんと見抜いているのです。あいさつは社会性の第一歩。相手を尊重する姿勢を伝えたいのです。

食べ物の命をいただくことや、食べ物を作ったり調理してくれた人への感謝の気持ちをこめて、食事のあいさつも忘れずに。

子どもは見ている

子どもをしつけようと口うるさく注意するよりも、おとなが脱いだ靴をそろえたり、洋服をきちんとたたむ姿を黙って見せるほうが、ずっと効果的です。

「みんなと仲良く協調したい」

入園した当初のOちゃんは、自分のしたい遊具をほかの子どもがしていると、泣いて欲しがっていました。でも、自分がしているときに誰もじゃまをしないこと、みんなも順番を待っていることを体験を通して感じていくうちに、お友だちが終わるのを待っていられるようになりました。それだけでなく、自分がしおわったあと、待っているお友だちに「どうぞ」と貸してあげるようになったのです。

自分も「したい」が、お友だちも「したい」。相手の自由を尊重しなければ自分の自由も尊重されないことを、Oちゃんはわかったのですね。

順番を待ったり、決められた約束事を守ることで、お互いが気持ちよく過ごせるのです。認めあい、理解しあえば、集団としてのまとまりもでてきます。

そのためにも、一人ひとりが自立していることが必要です。相手を思いやる気持ちも、個人が満たされていてはじめてわき出てくるものなのです。

戸外活動の体操。

一人ひとりの手先がピンと伸びているから全体もきれいに。

一人ひとりの自立がまとまりのある集団をつくる

団体行動ができる鍵は、個々が自立していることにあります。お友だちといっしょにする体操なども、一人ひとりが手や体の動かし方を習得し、正確にする集中力をもっているからこそ、美しくまとまりのある動きになるのです。

第4章

遊具作りのポイントと活動をサポートするコツ

子どもを自立に導く遊具の秘密や、
活動のさせ方の秘訣を大公開！
子どものもてる資質を一つひとつ開花させるための、
重要ポイントです。
子どもがすこやかに育つには、お母さんやお父さん、
周囲のおとなたちの遊具に対する考え方や配慮や協力が、
とても大切なのです。

子どもにとって、真に魅力的な遊具とは？

本書の監修者・相良敦子先生から、こんなお話を聞きました。いつも先生の家に遊びにくる子どもの一人が、ある日、お母さんにこう言ったそうです。

「先生のうちにはオモチャがいっぱいあるのに、うちにはオモチャがない」

その子は長女だったので、家族中からかわいがられ、市販の高価なオモチャを山のように買ってもらっていたのにもかかわらず、です。

相良先生が用意したのは、大粒のひえ、あずき、黒豆、大豆、うずら豆をひと握りずつ交ぜて容器に入れたものと、豆類をすくう玉じゃくしやじょうご、スプーン、陶器や木の皿など、どこの家の台所にもあるものばかりでした。

子どもたちは、活動する場所と決められているカーペットの上にそれらを並べ、穴のサイズが違う道具で豆類を分けたり、同じ皿に集めたり、並べたりと、それぞれの年齢なりのやり方で、2か月以上も豆を使った活動に熱中したといいます。

豆のほかには洗濯ばさみやビー玉、シール、毛糸などがあり、子どもたちは洗濯ばさみを並べてはさんだり、シールを形よく貼り合わせたり、毛糸を穴に通したり、ビー玉の音を楽しんだりと、これまた、思い思いに知的な活動を展開していたそうです。

豆や洗濯ばさみが子どもの興味を引くなんて！　意外に思う人もいるかもしれません。

でも、見た目は豪華でも何が目的なのかよくわからないオモチャ、ねじを巻いて動くだけのオモチャ、抱っこするだけの人形より、子どもにとっては自分の目と手と頭を総動員できる知的でシンプルな遊具のほうが、はるかに魅力的なのです。

子どもの心をとらえて「集中現象」を起こさせる要素があるかどうか。魅力の鍵は、まさにそこにあるのです。

遊具作りのポイント 1

子どもに使い方をして見せるとき、「やってみたい」と思わせる仕掛けを考えましょう。好奇心をくすぐることが、遊具に興味をもたせる第一歩。子どもはしぜんと遊具の「動き」を喜んで繰り返すことになります。

ただし、興味を引く要素が多すぎると子どもの気が散り、本来の目的がぼやけてしまいます。ちょっと気のきいた工夫が一つか二つあれば十分です。

● 五感や意欲を刺激する

かわいい絵が見え隠れする、気になる音がする、感触がおもしろい、よいにおいがするなど、感性を豊かに刺激する興味点をつけ加えます。「落とす遊具」なら、落ちたときにカリン、ポトンといった心地よい音がする素材を選ぶ。「開閉する遊具」なら、中を見たくなるような絵や写真を入れておくなど。遊具の色や形も、子どもが親しみやすいものに工夫してあげましょう。

入れるときにちょっと引っかかるなど、半歩先の難しさも、子どものやる気をかきたてます。

● おとなのまねができる

子どもは、おとなのまねをしたくてウズウズしています。お化粧、洗濯物干し、鍵の開け閉めなど、疑似体験ができる動きは子どもの憧れを満足させます。

2 すべて、子どもサイズ

遊具を作るときや道具をそろえるとき、子どもに見合ったサイズや重さや素材の抵抗感に配慮しましょう。

子どもはおとなの動きをまねて活動にチャレンジしていきますが、ただでさえ、指先や手首の動きが未発達な子どもに、おとなサイズのものがうまく扱えるはずがありません。見やすい、手に扱いやすいなど、子どもの体格や体力に見合ったものを用意してあげましょう。

また、遊具を置く棚や遊ぶスペースなど、子どもが動きやすいサイズの環境づくりも大切です。

そうすることで、子どもは誰の手も借りずに、自分自身の行動の主人公になれるのです。

●手の大きさ、背の高さは?

子どもの手の大きさや目線の位置を確認。はさみなどの刃物も、手のサイズに合っていれば、子どもなりのリズムで安全に使いこなせるものです。

●体力や運動能力は?

子どもによって、体力や運動機能の発達程度は異なります。遊具の対象年齢は、あくまでも参考程度に。

3 繰り返せる／やり直せる

「同じことばかりしていて、だいじょうぶでしょうか」と心配するお母さん方が多いのですが、ご安心を。何回も何十回も繰り返すからこそ、その動きが身につき、体や脳のネットワークが張りめぐらされていくのです。

また、繰り返す行動は子どもの集中力をグンと高めます。納得がいくまでやり続けるからこそ、「できた」という喜びや満足感も生まれてきます。

人の発達は、急がせたらダメ。できた結果だけを喜ぶのではなく、繰り返すという過程のなかで、さまざまなものが豊かに育っていることに目をとめてください。

●何度でも同じ動きができること

一度やったらおしまいではなく、子どもが好きなだけ、何度でも繰り返しできる仕掛けや環境をつくります。

●間違いに気づける工夫を

使い方を間違えたとき、自分で気づいてやり直しができることが大きなポイントです。対になるものに同じシールを貼ったり、色や形をそろえておく、正確にできないと見た目がおかしいなど、すぐに気づける工夫を。

4 要素を一つにしぼる

子どもが喜ぶように、飽きないようにと、いろいろな要素をふんだんに盛りこんでいるお母さん、お父さん。ちょっと待ってください。要素が多すぎると子どもの頭は混乱し、一つの動きに集中できなくなります。

一つひとつの動きを確実に自分のものにしていないと、そのあと、組み合わせた複雑な動きがうまくできず、子どもは気おくれしてしまいます。せっかくきれいに編めたセーターも、編み目こぼしがあると台なし。あとからほつれてこないよう、ゆっくり、しっかり基礎固めできるようにサポートしてあげましょう。

●集中できることが大切

何をする遊具なのか、ひと目でわかるように要素をしぼりこみます。子どもにとっては単純な遊具のほうがわかりやすく、スーッと集中できておもしろいのです。

●〝シンプル〟だから美しい

目的がはっきりした遊具は形や色に無駄がなく、すっきりした美しさがあります。物の本質をすばやく見抜く感性も磨かれていきます。

5 色や形が美しい／手触りがよい

子どもは、おとなが想像する以上にきれいなものや美しいものが大好きです。「子どもにはどうせ違いがわからないから、すぐに壊すから」と、イミテーションやプラスチック製品ばかりを与えるおとながいますが、それでは子どもがかわいそう。

感性が育ち、本質にも敏感な時期だからこそ、質のいい本物が必要なのです。物を大事に扱う心も芽生えてきます。

●五感を洗練させる

遊具の色や形のバランスを考えます。色は、赤、青、黄の三原色や、パステル調のやさしい色を基調に。廃品が材料でも、きれいな色紙や布を貼ることで見違えるように変身します。

なお、素材は体にやさしい自然素材がいちばんです。

●汚れが目立たない工夫を

繰り返し使うものなので、ビニールコーティングをして形崩れや色落ちを防いだり、汚れにくい素材を選んだりしましょう。

6 感性や知性を刺激

一見、おもしろおかしくても、自分を成長させてくれない遊具に子どもは魅力を感じません。子どもは、感性や知性を総動員させながら活動したいのです。順を追って考え、発想し、創りあげていく思考能力の基礎を、動きを通して養っているのです。子どもの状況を観察し、チャレンジしがいのあるものを考えてあげましょう。

●分ける、合わせる、連続させる遊具

色を分ける、シールを合わせる、同じものをつないでいくなど、遊びのなかに数学的構造があると、子どもは夢中になって活動し続けます。目的をもって動くとき、子どものなかでは感性や知性が同時に育っているのです。

●継続性、発展性のある遊具

子どもが飽きるまで遊具を使い尽くしたら、同じ系統で、動きや知性の働かせ方をレベルアップさせるものに替えてあげましょう。たとえば「通す」活動なら、通すものや棒、通す穴のサイズを小さくしたり、数を増やしたり、色別に分けて通したり……。遊具に一貫した流れや発展性があることが、子どもの成長を助けます。

活動をサポートするコツ

1 子どもに選ばせる

1歳を過ぎると、子どもの心のなかにはすでに自立への欲求が芽生えています。「自分のことは自分でしたい」、と子どもは強く願っているのです。

やりたい遊具を自由に選ばせてあげてください。自分で選ぶということが、自分の意志で判断し、責任をもって最後までやり遂げ、後始末まできちんとするという姿勢や生き方につながっていきます。

また、おとなが思うおもしろいものと、子どもが感じるおもしろいものとでは、違うことが多いようです。

●数種類から自由選択

遊具は、いつでも取り出せるようにトレイに整理整とんし、専用の棚にきれいに並べておきます。自由に使える環境をつくってあげることです。

遊具の数は、たくさんありすぎると選ぶのに迷ったり一つの活動に集中できにくくなるので、子どものお気に入りのものが最大10種類ほどあればよいでしょう。

●後片づけも自分で

戻す場所を決めてあげると、子どもは喜んで片づけをするものです。いつもの同じ場所に、きれいにセットされた遊具があるという秩序感が、自分の記憶のなかで行動できるという安心感につながっていくのです。

2 お手本は正確に、ゆっくりと

自分でしたいという欲求は強くても、子どもはまだ、自分の体をどう動かせばよいのかわからないところがあります。正確な動きを〝子どもにわかるスピードとやり方〟で「して見せて」あげましょう。

うまくできないときだけでなく、最初に動かし方をやって見せるときも、同じようにして見せます。

●どこが難しいのかを観察

動きのどこが困難なのか、何がうまくできないのか、子どもの行動を、黙って注意深く観察します。

●動きは超スローモーションで

いちばん難しがっているところがわかったら、一連の動きをコマ割りに分析し、順序立てます。そして、正確に、一つずつ、ゆっくり見せてあげてください。

通常の8倍ほどの時間をかけるのがコツです。これが、子どもの知性で新しいことを理解できる速度なのです。おとなからみればばかばかしいほどの速度で、そこまでしなくてもと思いがちですが、たったこれだけのことで、驚くほど子どものの
みこみがよくなります。

●正確さを意識させる

お手本を見せるとき、正確に、細かい部分までていねいにして見せることも重要です。たとえば指の位置はどうなっているか、どの指を使っているのかなど、動きのポイントを意識させるのです。おはじきを皿に出すときも、音をたてないようにそっと置くことで、子どもは音をなるべくたてないことを理解します。

正確なやり方が脳にインプットされれば、子どもは次から、その動きを再生できるようになるのです。

●動きが先、言葉はあと

子どもは、スローな世界に生きています。理解するスピードがおとなとまったく違うだけでなく、動作と言葉がいっしょになるだけでも混乱してしまいます。

一度に一つだけ、が鉄則です。最初は、動きだけを目で追わせてあげましょう。ゆっくり正確な動きに意識を集中させれば、「そのようにすればできる」ということを理解します。映像という〝実体〟が先にあることで、言葉という〝概念〟の説明も頭に入りやすくなります。ただし、「こうやって、ああやって」と口うるさく教えるのは逆効果です。要点をしぼって、簡潔に！

3 集中できる環境づくり

未完成な動きを完成させたい、と子どもは願っています。繰り返すことでコツがわかり、確認ができ……。そうやって、動きを自分のものにしていくのです。

キーワードは「集中」。心身ともに一つのことに深く集中することで、子どもの人格が調和し、豊かな人間性が育っていきます。

●途中でじゃましない

「今度はこっちで遊んだら?」「もう、やめなさい」おとなの思惑や都合で、活動を変更させたり中断させてはいませんか。せっかくの集中がさまたげられてしまいます。時間を区切りたいのなら、前もって伝えておけばいいのです。また、その「動き」を卒業するのを決めるのは、ほかならぬ子ども自身です。

●安心して活動できる環境を用意

自分のリズムをじゃまされず、落ちついて活動できる場を子どもは望んでいます。でも、あたたかく見守ってくれる人にはそばにいてほしいもの。居間の隅にマットを敷き、居心地のいいスペースをつくってあげましょう。

4 間違い、大歓迎！

間違いは誰にでもあること。全然、悪くありません。間違いの原因に素直に向きあい、どうすれば乗り越えられるのかを考え、再挑戦することが大事なのです。

だから、「間違わないように前もって」なんていうのはもってのほか。小さな失敗の積み重ねや試行錯誤があるからこそ、人は成長できるのです。

●間違いを指摘したり問いたださない

子どもが間違えたとき、とっさに手を出して訂正したり、「間違ってるでしょ」と否定的な言い方をしないでください。子どもの心が委縮してしまい、間違いを恐れたり、素直に認める勇気をもてなくなってしまいます。「こうしてね」と、間違いをもとに戻す方法を見せてあげるだけでいいのです。

●間違いをしぜんに受けとめさせる

間違い＝悪いという印象を与えないよう、ごくしぜんに間違いに気づける工夫をします。そして、「うまくできたのは間違いに気づけたから」と、子どもがいつも前向きに思えるような雰囲気づくりをしてあげましょう。

5 無理じいしない

子どもは支配されるのが大嫌い。「させられる」と感じたとたん、意欲が失せてしまいます。遊具も、「やってごらん」と強要するのではなく、おとな自身が楽しそうに活動しているようすを見せればいいのです。楽しそうなものに、子どもはしぜんに引きつけられていきます。

●子どものリズムやプライドを尊重

はじめてのトライには、子どもも緊張したり気おくれしたりするもの。誰もいないところでこっそり試して、これならできそうという確認の時間が必要です。誘いにすぐに応じなくても、しばらくようすを見守りましょう。

●あと戻りする勇気も必要

「もう○歳だから」と、子どもがうまくできないのに遊具のレベルを上げてはいませんか。基本の動きは、発達していないかのような地味な印象を与えがちですが、土台がしっかりしていないと家もあとから崩れてしまいます。年齢に関係なく、その子の発達段階に合った活動を存分にさせてあげましょう。戻ることは、じつはステップアップのいちばんの近道なのです。

第5章

基本の動きを楽しくマスター

家庭で作れるアイディア遊具

毎年、入園してくる子どもたちを見ていると、
必ず「こんなことをしたがる」という
共通の傾向があることに気がつきます。
そこからヒントを得て先生たちが考案した遊具から、
10か月以上3歳前後用のものを紹介。
子どもが日常生活をスムーズに送れるようになるための、
基本の動きをサポートするものばかりです。
「作り方ヒント」や「動きの見せ方アドバイス」をもとに、
みなさんも想像力を働かせ、
各家庭のセンスやテイストでアレンジ！
この世でたった一つの遊具を手作りしてみましょう。

※ここで紹介している遊具のサイズは、対象年齢の子どもが使いやすい大きさの目安です。

身近にある不用品を楽しくアレンジ！

園に通ってくる子どもたちの手提げやお弁当袋を見るたび、いまのお母さん方は、ほんとうに発想力が豊かだなと驚かされます。かわいいものを工夫して、手作りすることが大好きなのですね。

そんなお母さん方（もちろん、お父さん方も！）なら、遊具も手作りにチャレンジしてみませんか？　高価な材料を買いそろえる必要はありません。身近にある不用品や廃品で何が作れるか、アイディアをふくらませてみましょう。

●いらないものと、まずはにらめっこ！

専用の段ボール箱を用意し、使えそうな不用品をストックしておきます。

お菓子の空き箱、牛乳パック、ラップ類の芯、木の板、ひも、古布、使いおわった化粧品のケース、発泡スチロール、フィルムケース……。

じっと眺めているうちに、ピンとくるものがあるはずです。

また、近所のホームセンターや格安ショップをのぞけば、手作りのパーツになりそうなものが目白押し。日曜大工が苦手なら、ホームセンターの加工サービスを利用すると便利です。

毎日の家事に使う道具や台所用品、食器や食材なども、そのまま利用できるものがいっぱい。どの家庭にもある何の変哲もない不用品や日用品が、発想ひとつでチャーミングな遊具に生まれ変わります。

ただし、牛乳パックや空き箱を使うものにはきれいな布や色紙を貼ったり、板にはカラーペンキを塗るなどして、見た目を美しく変身。触感や重量感覚にも配慮できるとよいでしょう。

なお、5章で紹介している遊具の材料に反物の芯が多いのは、「くすのき保育園」のある京都という土地柄のせいです。また、レシートの芯はスーパーマーケットで分けてもらいました。

身の回りにある不用品をどのように生かすか、そこが、目のつけどころ、腕の見せどころです。ここで使っている材料はみなさん方の遊具作りの着想ヒントにしていただき、ないものや手に入らないものは似たもので代用したり、同じような「動き」が繰り返せる遊具を、別の材料で考えてみてください。

●子どもに近づいていくおもしろさ

当園では、毎日、子どもと生活しているなかで、「いま、どんなことに興味をもっているのか」、「何に困っているのか」を観察し、子どもの姿にヒントを得て、いろいろな教材を創作しています。

子どもたちがすぐに飛びつくヒット作品もあれば、なかにはそのうち飽きられるものもあります。

そんな子どもの反応を見るのも、私たちの大切な仕事です。子どもが興味を示さなかったら、逆にチャンス！　何をしたいのかを見直すよいきっかけになりますから。

また、子どもが活動しているようすを見て教材を改良していきます。試行錯誤を重ねて子どもがピタッとはまってくれたときは、とてもうれしいものです。

手作りの醍醐味は、子どもに近づいていくおもしろさです。

子どもの心理を読み取り、想像力と創造力を駆使して作りあげる過程で、子どもとのコミュニケーションが密に育まれます。

忘れてしまった自分のなかの〝子ども〟にも出会えるかもしれません。

動きそのものを楽しむ

基本の動きを洗練させる遊具

落とす、押す、引く、回すなど、おとなには何ということのない動きでも、乳児には、すべてがはじめて体験する動きです。一から覚えなくてはなりません。

つかまり立ちする生後10か月ごろから、手を使う動きが目立ってきます。1歳半を過ぎると手に力がつき、何でも触りたい、動かしてみたいという欲求が強くなります。

体がグングン大きくなり、運動器官が発達していくこの時期、子どもは備わった機能を試せるものを片っ端から見つけていきます。そしてさまざまな動きを飽きることなく繰り返し、自分のものにしていくのです。

3歳ごろまでは、あらゆる基本の動きを身につける基礎固めのときです。

ぞうきんをしぼるということでも、水につける、ねじる、という基本の動きができないと、より複雑な動きにステップアップできません。子どもは自分の行動の主人公になり、自分の生活をスムーズにさせていくための大切な訓練をしているのです。

●動き方を身につける時期

動きを覚え、機能を完成させるためには、指や手首や腕の筋肉の使い方を知らなくてはなりません。

たとえばふたを開けるとき、指の力をどの程度に加えればふたが開くのか。水を注ぐとき、腕や手首の力をどう調整すれば水をこぼさずに注げるのか。子どもは、それまでにためこんだ筋肉の記憶を頼りに、体の使い方を身につけます。

一つの動きを飽きるまで繰り返すことで、ようやく指先や手首の動かし方のコツがのみこめ、正確な動きができるようになっていきます。

「いつまで同じことをしているのかしら」とイライラせず、それが子どもの「おしごと」なのだと理解して見守ってあげてください。

何でもしてあげることが愛情ではありません。また、大きくなったら自然にできるようになると思うのも間違いです。人間には、その時期に使わないとうまく体得できない動きがあります。そして、体の機能は、いきなり発達することはありえません。

動きを繰り返しながら、一歩一歩成長するのです。と同時に、この時期は一つひとつの動きを自分で覚え、動くことで満足感を味わい、自立しようとしているのです。

●いま、やりたい動きは何?

子どもの発達段階に合わせ、動きを洗練させる遊具を作ってあげましょう。

1歳から3歳くらいまでは、「動き」そのものを楽しむ段階です。

子どもはこの時期、穴に物を落としたいのです。ねじる動作がおもしろいのです。重いものを持ち運ぶことが喜びなのです。

おとなとは違い、動くこと自体が子どもの目的なのです。

子どもがいま、何をしたがっているのか、朝起きてから寝るまでの日常動作をじっくり観察してみましょう。子どもの視点に立つと「ああ、こんなことがおもしろいのか」というのが必ず見えてきます。

その動きを取り入れた遊具を作り、思う存分、やらせてあげてほしいのです。これはおとなにとっても都合がよく、家の中がメチャメチャにされることも防げます!

そして、作った遊具を使うときは、最初にゆっくりして見せること。子どもがうまくできたときには、笑顔でうなずいてあげましょう。一人でできた喜びや認めてもらえた安心感が、子どもの心をあたたかく満たします。

ただし、ほめすぎると子どもの深い充実感を損うこともあります。大げさなほめ言葉は控えてください。

引く

指先の洗練
手首や腕の力の調整

●ひもや輪を引っぱりたい
●飛び出しているものをつまみたい

おはようバー（10か月～）

●おもな材料
空き箱　アクリル板
人形（フェルト、綿など）
ひも　厚紙
木製フープ（直径4㎝）
布テープなど（壁固定用）

つかまり立ちできるようになった子どもに最適。ひもを引くと人形や車などが現れ、放すと見えなくなる仕掛けが好奇心を刺激します。

●作り方ヒント

アクリル板の上部に穴を開けてひもを通し、両端に人形とフープ（輪）を結びつけます。空き箱の下方には厚紙で目隠しを作り、アクリル板と合体させます。子どもの目線で、壁に固定します。

●動きの見せ方アドバイス

フープを指先でゆっくり引きます。人形が徐々に現れ、いちばん上に来たらしばらく静止。フープから手を放し、人形が下がっていくのを見せます。慣れてきたら「○×、出てきたね」と名称を呼んであげましょう。

引く バリエーション

指先パッチン（10か月～）

フープを引っぱって放すとパチンと音がするのが興味点になります。弾力のあるゴムひもの感触もおもしろいようです。髪留め用の、太くてカラフルなものを使います。

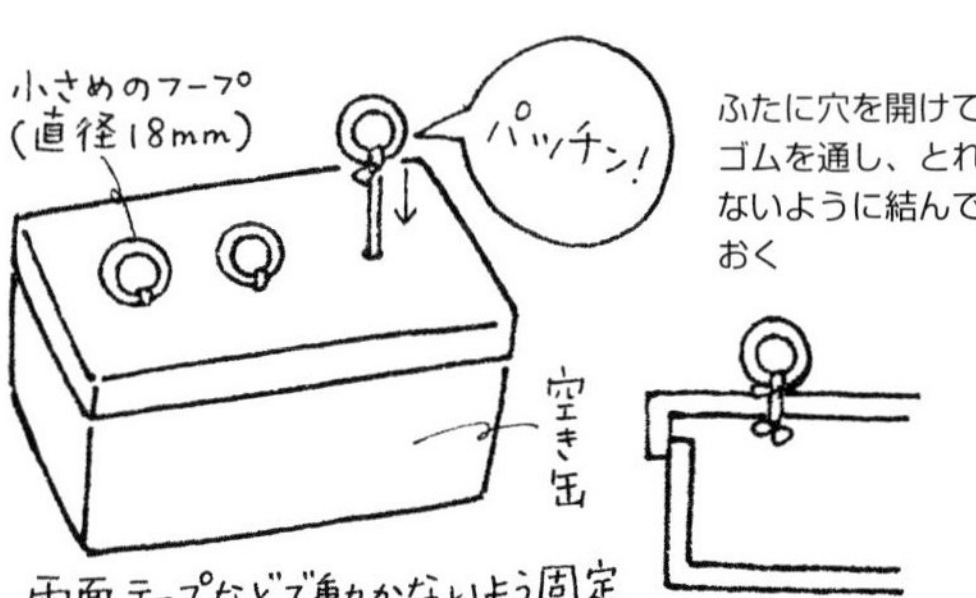

秘密のブラインド
（1歳半〜）

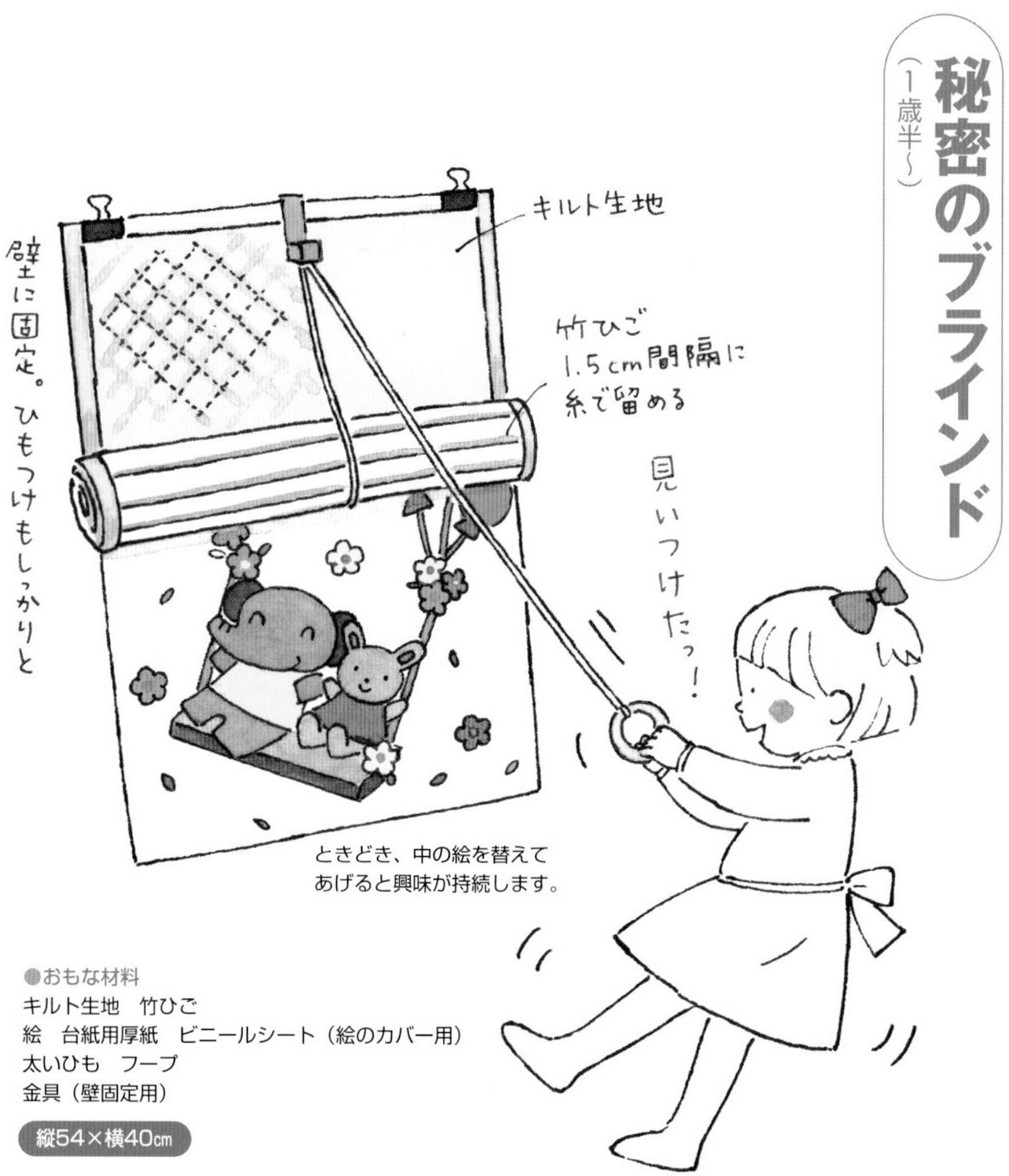

ときどき、中の絵を替えて
あげると興味が持続します。

●おもな材料
キルト生地　竹ひご
絵　台紙用厚紙　ビニールシート（絵のカバー用）
太いひも　フープ
金具（壁固定用）

縦54×横40㎝

保育園の窓のブラインドを開閉していると、まねをしたがる子どもがいつも出てきます。そこからヒントを得た遊具です。

フープを引っぱるとブラインドのように布が巻き上げられ、フープを放すとパラパラパラッと布が落ちてくるのがおもしろいようです。中の絵も大切な興味点です。

はじめはたぐり寄せることができず、フープを持って引っぱりますから、後ずさりできるスペースが十分にあるところに設置してください。

●作り方ヒント

キルト生地の裏側に、細かい間隔で竹ひごを縫いつけるのがポイントです。布がきれいに巻き上がりますし、落ちるときもよれずにすみます。

指先の洗練
たたむ動きの調整

はがす くっつける

●はがしたい
●くっつくものをつなげたい

いないいないばあ（10か月〜）

バァー！
壁に固定
ビリビリッ

●おもな材料
キルト生地
フェルト　面ファスナー
両面テープなど（壁固定用）

布のふたサイズ
縦20×横13㎝

つかまり立ちできるようになった子どもが大喜びする遊具です。面ファスナー（＊）をはがすビリビリッという音や、布のふたをはがす前とはがしたあとで人形の絵が「いないいないばあ」と変化することがとても楽しいようです。

●**作り方ヒント**

布のふちに手をかけて強く引っぱるので、耐久性がありしかも触った感じがやさしいキルト生地で作るといいでしょう。面ファスナーは、布に指をかけるスペースを十分にとって位置を決めます。

●**動きの見せ方アドバイス**

布のふたの上部をつまみ、力を入れて布を下に引っぱるようすを見せます。折り上げるときは絵がよく見える位置まで布を上げ、面ファスナーの部分を押しつけるようにして合わせて留めます。

＊面ファスナーとは、かぎ状の突起がついた面とパイル状の面で１セットとなった留め具のことです。

変身つなぎっこ（1歳半〜）

二つの面の違いがわかりにくいので、同じ色の面ファスナーは1セットだけに。

●おもな材料
布（3色）　綿
面ファスナー（6色）
※遊具を入れるトレイ

直径2.5×長さ28㎝

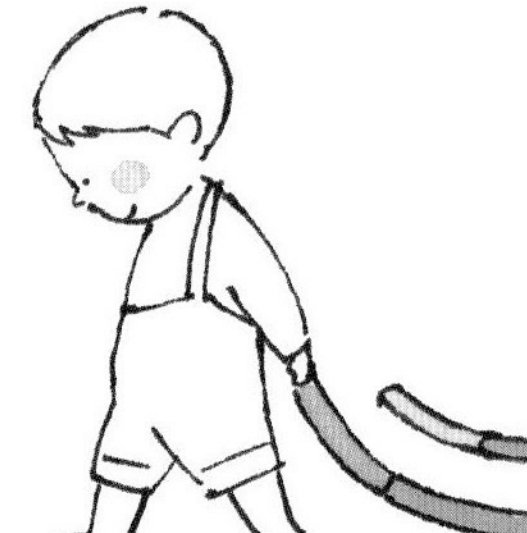

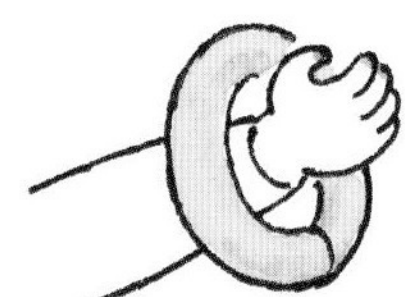

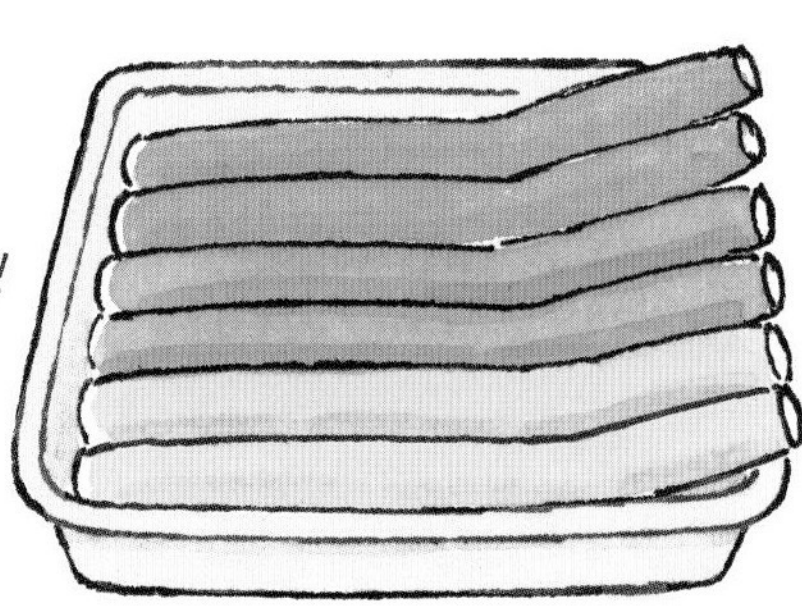

子どもが発見していくなかで何にでも変身！

長く1本につないだり、輪を作ったり体に巻いたり。子どもが好きな形を発見していくなかで、はがしたりくっつけたりが繰り返されます。

●**作り方ヒント**

布を細長い筒状に縫って綿をふんわり詰め、色別に各2本、全部で6本の布棒を作ります。

両端には面ファスナーをつけますが、写真のように色で二つの面を合わせられる工夫をしましょう。面ファスナーは6色用意します。

●**動きの見せ方アドバイス**

面ファスナーの色が同じことを見せてから、ゆっくり二つの面を合わせてつなぐのを見せます。はじめは、6本全部つないで長い1本にしてみましょう。うまくつなげるようになったら、好きな形にトライ！

指先の洗練
手首や腕の力の調整

開け閉め

●ケースや引き出し、ドアや鍵を開け閉めしたい

●開けるとどうなる？

●おもな材料
牛乳パック　空き箱
ひも　色紙や布
積み木（色合わせ用）

引き出し奥行き：12㎝
ひもの長さ：7㎝

牛乳パックの引き出し（1歳〜）

たんすの引き出しを開けたり閉めたり……。最初は開け閉めすること自体がおもしろいようですが、しだいに中に入っているものにも興味を示します。

いろいろなものをしまいこむことも楽しいようです。

●作り方ヒント

引き出しが抜け落ちないように、裏面と本体をひもでつないでおきます。

●動きの見せ方アドバイス

ひもを持ち、ゆっくり引っぱって開けるのを見せます。閉めるときは、引き出しの前面をゆっくり押します。

積み木をつかめるようになったら、色別の積み木を引き出しの色に合わせて、入れたり出したりします。

開け閉め バリエーション
動物さんのおうち（1歳半〜）

どの子どもも、鍵には興味津々。鍵の構造を知りたいという欲求と、鍵を開けた向こうに何があるのかを知りたいというワクワク感がふくらんでいます。鍵穴の向きがピッタリ合わないと扉が開かないので、きちんと合っていることを確認させながら、ゆっくり開けていきます。

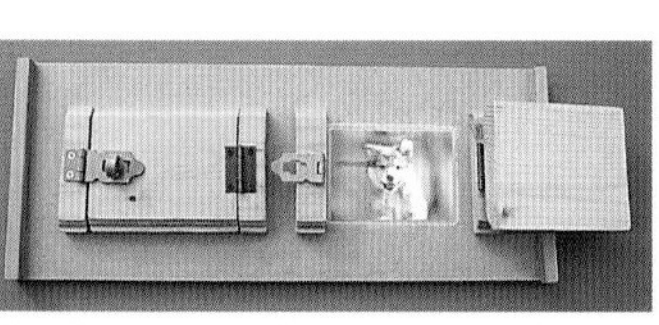

鍵は市販のものを利用。中の絵や写真はときどきチェンジして。

ないしょのふた（1歳半～）

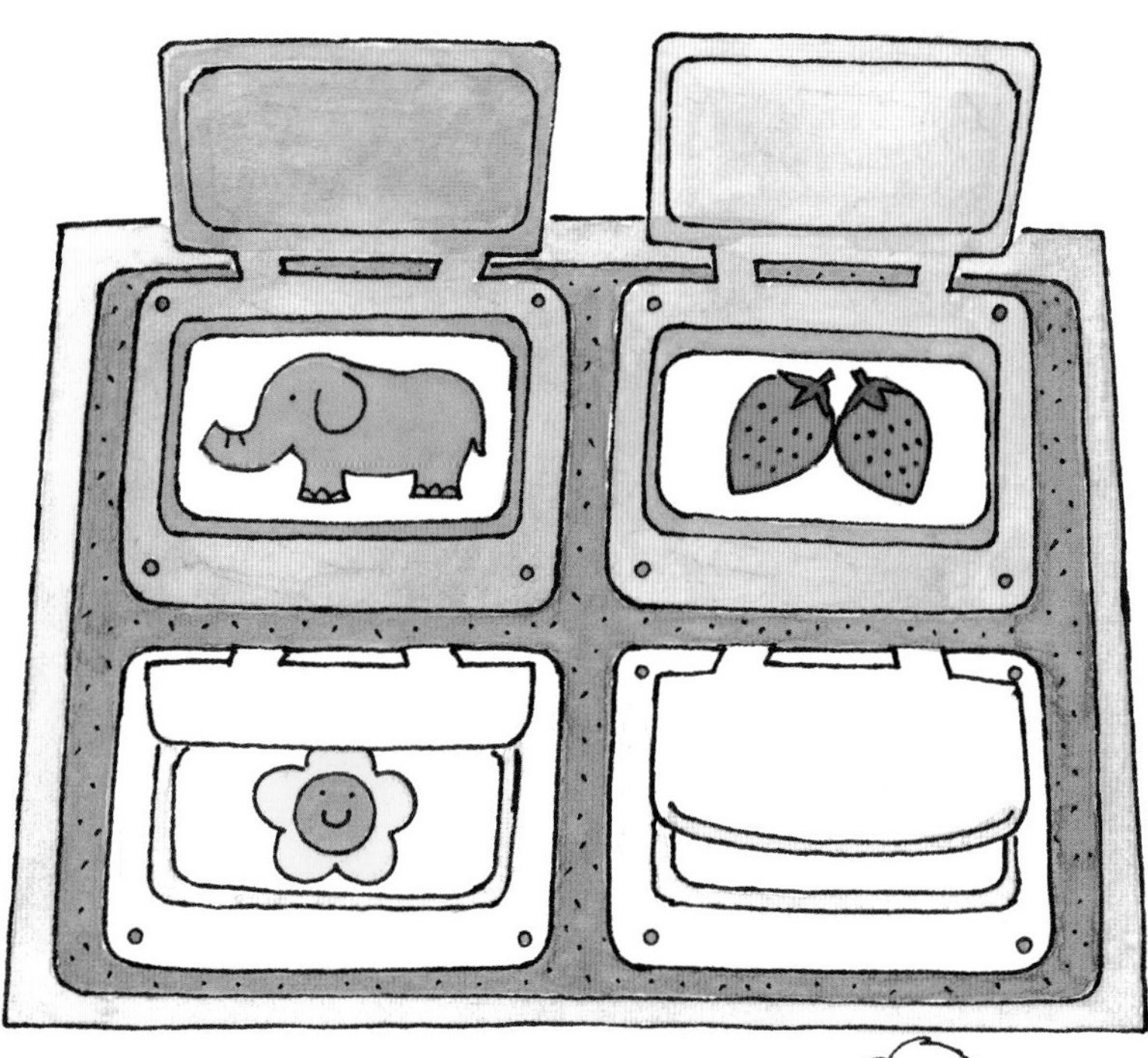

●おもな材料
ウエットティッシュケースのふた
コルクボード　板
絵や写真　ねじくぎ（固定用）

ネコさんこんにちは～
パッカン
ネコさんバイバイ！
パチッ

子どもはよく、ふたがパッカンと開く音や開け閉めの感触を、繰り返し楽しんでいます。ウエットティッシュケースのふたを利用して、思う存分やらせてあげましょう。コンパクトの空ケースなども、そのまま使えます。

●作り方ヒント
開閉時に音のするもの、閉まったときの感触がしっかり伝わるものを選びます。最初のうちは両手を使って開け閉めできるよう、ケースはねじなどで固定します。

●動きの見せ方アドバイス
ふたのどの部分を持てば開くのか、指をふたにかけて、その箇所をよく見せます。それからゆっくり開きます。

中の絵は、子どもに親しみやすいものにすると言葉の練習にも。ときどき替えてあげると繰り返し活動できます。

指先の洗練
手首や腕の力の調整

押す

- 出っぱったものを押したい
- すきまや穴にちょうど入るものを押しこみたい

押しこみ棒（1歳3か月～）

筒を押しこむときの、抵抗感をおもしろがります。何個か入れてはじめて下から押し出されてくるのも興味点。

●作り方ヒント

押しこむ筒はストンと落ちてしまわないよう、紙を巻くなどして太さを調節します。5、6個は作りましょう。

●動きの見せ方アドバイス

筒を穴の上に持っていきます。筒同士の摩擦があるので、ギューッと押しこんでいるようすを示します。何個か入れたあとに、筒が押し出されてくるのを見せます。

固定されている長い筒の下から木枠の底までは8cmあける。

●おもな材料

木の箱（引き出しやカラーボックス利用）
長い筒・短い筒（反物などの芯2種。ふたのようにピッタリはまる対のサイズ）
布テープ・両面テープ（長い筒と木の箱の固定用）
色紙や布　調整用の紙

押しこむ短い筒の長さ：5cm

押す バリエーション　カチカチ・ピカピカ（1歳半～）

電球のスイッチをいたずらされて困るというお母さんの悩みを解消する遊具です。

スイッチを押すカチッという音や感触が楽しいのですが、電球が点灯するように作ったり、ブザーが鳴るベルタイプもあると大喜びです。

まず、スイッチのどの部分を押すのか人さし指で示し、それから押して見せます。

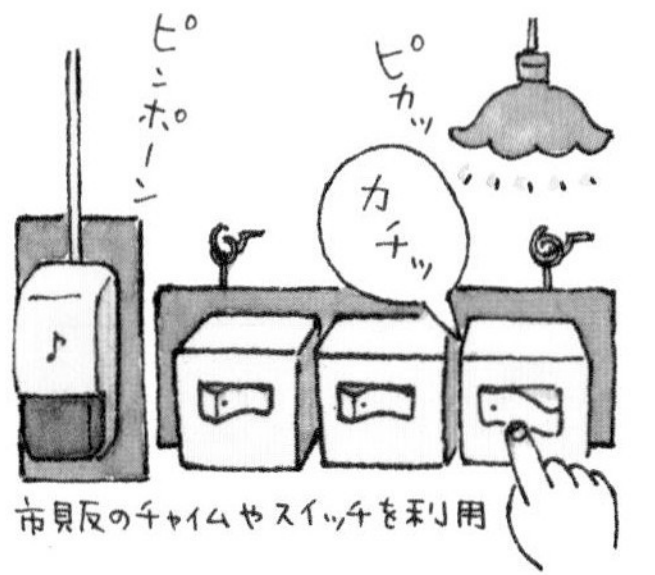

市販のチャイムやスイッチを利用

ふしぎな円盤
（1歳半～）

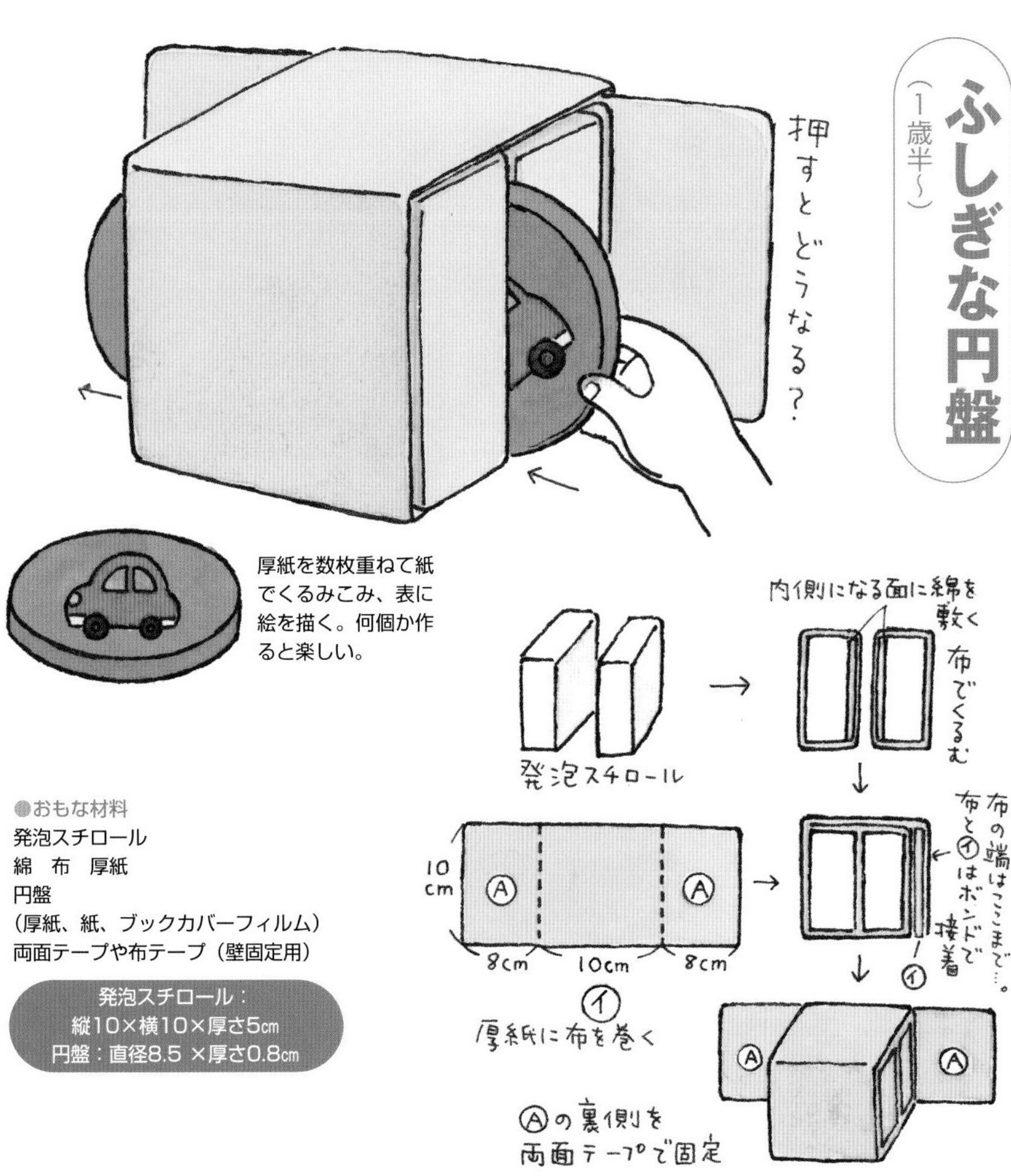

●おもな材料
発泡スチロール
綿　布　厚紙
円盤
（厚紙、紙、ブックカバーフィルム）
両面テープや布テープ（壁固定用）

発泡スチロール：
縦10×横10×厚さ5㎝
円盤：直径8.5 ×厚さ0.8㎝

障子のすきま、棚と壁のすきまなどに何かが押しこまれていたことはありませんか。この時期の子どもの「押しこみたい」欲求を満たしてあげましょう。

●作り方ヒント

円盤を「押しこむ」感触が欲しいので、綿の量や発泡スチロールの箱のすきまをほどよく調節します。また、円盤は折れないように、ある程度の厚みをもたせて作ります。

●動きの見せ方アドバイス

円盤のふちを指で持ち、右側のすきまからゆっくり押しこみます。このとき、手の位置が子どもに見えやすいように、右側に立ちます。

一つ目の円盤が見えなくなったら、二つ目の円盤を押しこみます。一つ目が左側から押し出されてくるのを目で追わせながら取り出します。

指先の洗練
手首や腕の力の調整

落とす

●溝や穴やすきまのサイズに合うものを落としたい
●物を落とすと見えなくなるのがおもしろい

落とし棒（1歳3か月〜）

子どもは道路脇の溝のすきまを目ざとく見つけて、小石や砂などを落とすのが大好きです。スーッと落ちていくのやポトンと音がするのが楽しいのです。

●**作り方ヒント**
赤、青、黄色のカラーテープを棒に巻きつけ、ウエットティッシュケースのふたの穴に合うよう、太さを調整します。棒のほうが太いときは、穴を大きくします。棒は、落としたときにポトンと音のする材質を選びます。

●**動きの見せ方アドバイス**
棒をつまんでケースの上に持っていき、穴にゆっくり近づけます。棒の先が穴に少し入ったところでしばらく止め、それから指を放して棒を落とします。

遊具はトレイにのせて。

●おもな材料
ウエットティッシュの空ケース
（ビニール製の布を貼っても）
プラスチック棒（長さ7cm）
カラーテープ3色
※棒入れケース

落とす ステップアップ お片づけ箱（2歳半）

穴のサイズにぴったりの3種類のピースがあり、引き出しを開けたとき、小部屋ごとに分類されていることが子どもの興味をそそります。サイズの違うピースが同じ穴に入ることのないよう、穴の形に注意して作りましょう。

箱は、奥行き10×横20×高さ6㎝。ピースの数は各5個、厚紙を重ね、ブックカバーフィルムを貼るとすべりがよくなる。

牛乳パックのポスト（1歳半〜）

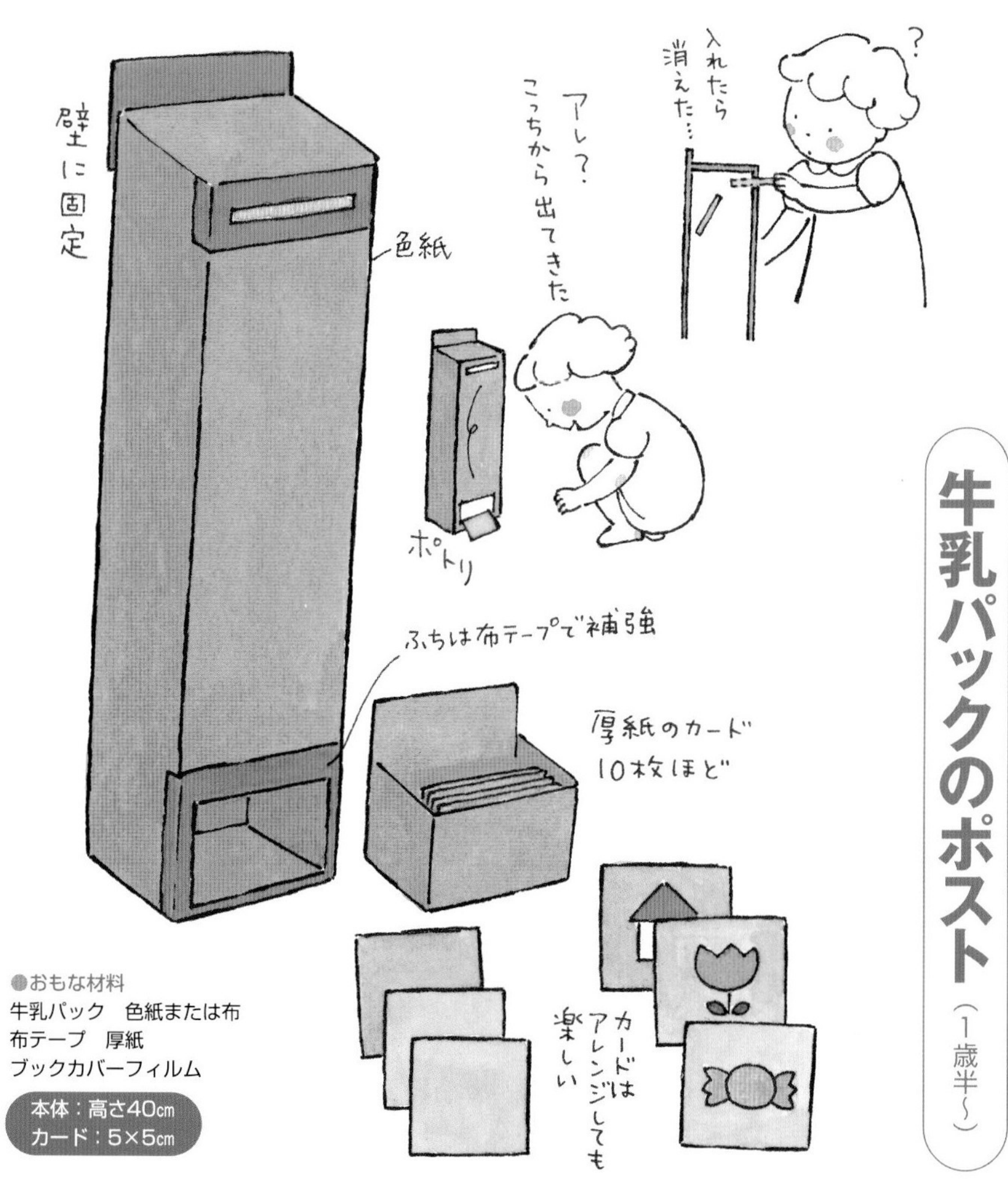

●おもな材料
牛乳パック　色紙または布
布テープ　厚紙
ブックカバーフィルム

本体：高さ40㎝
カード：5×5㎝

カードを入れるところと出てくるところが違うこと、落としたときにポトリという音がすることが子どもの注意を引きます。大きい箱で〝自動販売機〟を作るのもアイディア。

●作り方ヒント

牛乳パック2本分で本体を作り、カードの入り口と取り出し口部分をカットします。入り口はカードよりやや広めに作ります。

カードはブックカバーフィルムでカバーしておくと、すべりがよく長もちします。

●動きの見せ方アドバイス

入り口にカードを近づけます（わざと少しなめに）。

カードの向きがすきまと平行になるよう、きちんと角度をそろえます。すきまにカードの端（一辺）が合ったらしばらく動きを止め、それからゆっくり落としていきます。

指先の洗練
握る力の調整
手首や腕の力の調整

はめる さす

●穴にさしたい
●対のものにはめたい
●つまんでさしたい

ぴったりんこケース
（1歳半〜）

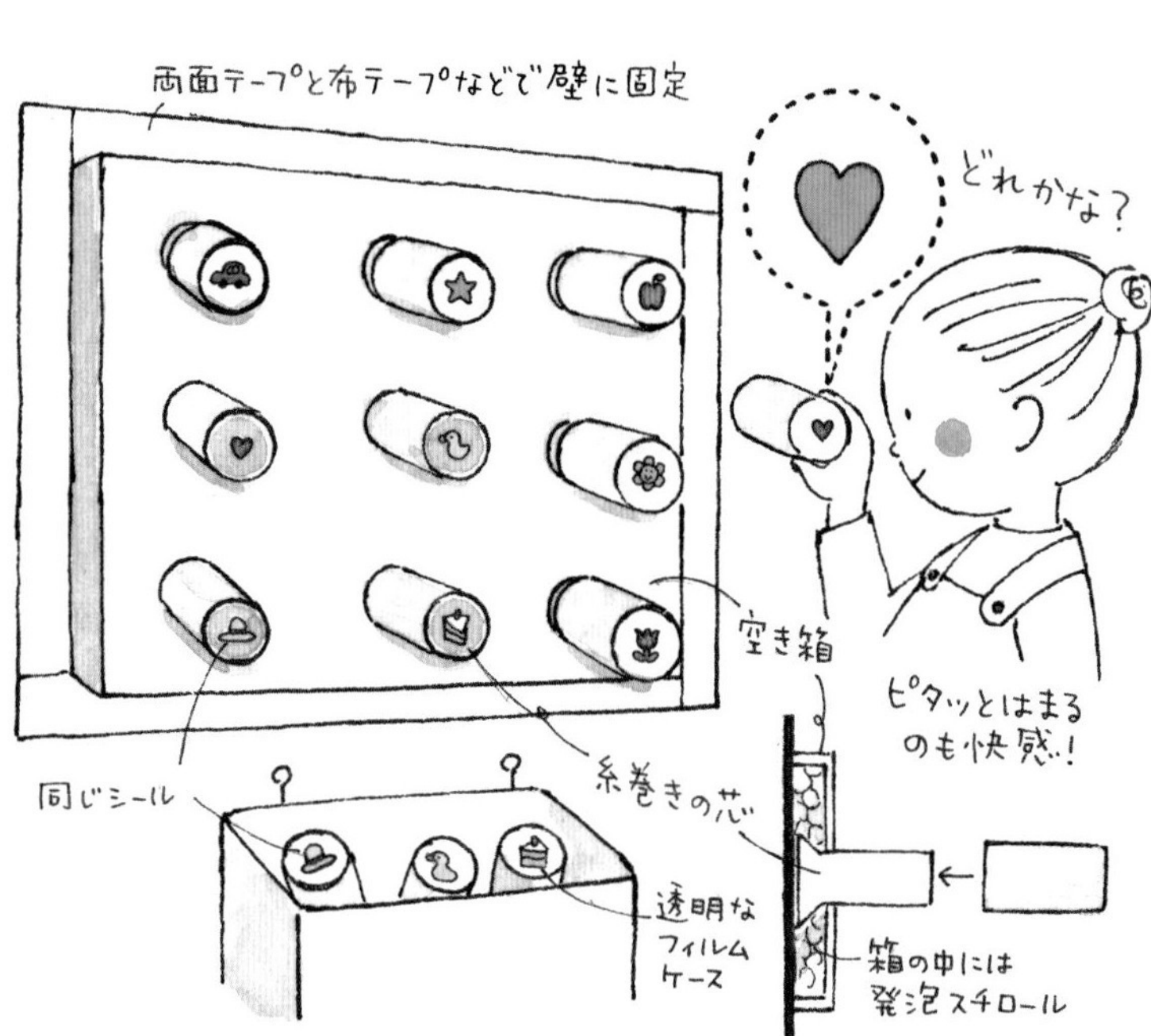

フィルムケースを糸巻きの芯にはめこむときの、ギューッという空気抵抗がおもしろいようです。ケースが芯に入っていくのが見えるのも興味点です。

●作り方ヒント

はめるとき箱の表面に押す力が加わるので、箱の内側にはクッション材として発泡スチロールを詰めこみます。

●動きの見せ方アドバイス

フィルムケースを持ち、同じシールが貼られた糸巻きの芯に近づけます。ケースと芯の角度をきちんとそろえたら、しばらく静止。ゆっくり押しながらはめていきます。

●おもな材料
空き箱
発泡スチロール
糸巻きの芯（市販）
フィルムケース
シール（合印用）
両面テープと布テープ（壁固定用）
※フィルムケース入れ（かごなど）

ケーキ棒（1歳半〜）

穴と棒があれば、子どもは必ず棒をさして遊びはじめます。ケーキのようなかわいらしい箱の見た目と、一つの穴に一つの棒をさしていく秩序感が子どもを引きつけます。

●作り方ヒント

棒の持ち手に綿を使うことで、持ったときの感触がフワフワのしあがりになります。

なお、棒の太さは穴にちょうどよいサイズに調整します。

●動きの見せ方アドバイス

棒の布部分をつまみ、穴の上に持っていきます。穴と棒の先端位置が合っていることをゆっくり見せてから、棒を穴にさしていきます。

●おもな材料
発泡スチロール
レシートの芯（スーパーでもらえます）
布2種　綿　木の棒
※棒入れケース　遊具をのせるトレイ

①穴を開ける
発泡スチロール
②布でくるむ
③布に穴を開け、ボンドをつけたレシートの芯をさしこむ

木の棒
綿をくるむ部分
縫う
糸をしぼったあと、この部分と棒をボンドでくっつける

さす　ステップアップ　三つの穴探し（2歳半〜）

この時期の子どもには、細かいものをつまみたいという欲求が芽生えています。サイズが違うと棒がささらなかったり、キチンと立たないという難しさが逆にやる気をそそります。なお、3本指でつまむ動きは、のちに鉛筆を持つ動きにつながっていきます。

穴開けはホームセンターに依頼。棒の先端には色画びょうをボンドで留めて……。

指先の洗練
握る力の調整

はさむ

●はさむと留まる
●反対側が開くのがおもしろい
●干すまね！

さおばさみ（2歳〜）

おとなが洗濯物やふとんを干している姿を見て、子どもの心のなかには「自分もはさんでみたい」という欲求が芽生えています。

さおばさみは親指と人さし指を大きく広げて握り持ちする形になりますが、ギューッと力を入れると反対側が開くことがおもしろい点です。

棒にはさむことを繰り返したあとは、いすの背もたれやカーテンなど、いろいろなものをはさんでいます。

●作り方ヒント
ホースに布を巻きつけてボンドで留め、内側にひもを通して壁のくぎに結びます。

●動きの見せ方アドバイス
さおばさみの持ち方をゆっくり見せ、握ったり開いたりを数回して見せます。片手でできないうちは両手を使って開くやり方も見せてあげてください。

●おもな材料
さおばさみ
掃除機のホース（不用品）
布
ひも
くぎ（壁固定用）
※さおばさみ入れ
（かごなど）

クマさんリボンつけ（1歳半～）

人形がついていると
持ち手が
わかりやすい

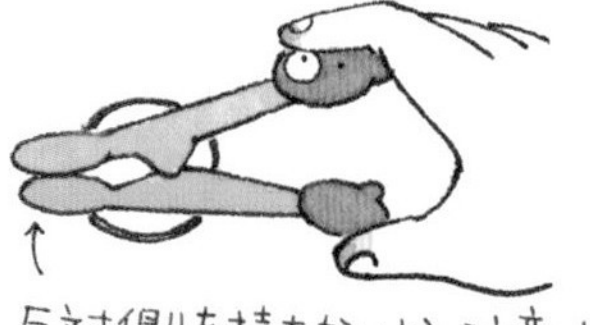

（ステップアップ
色合わせ（2歳半～））

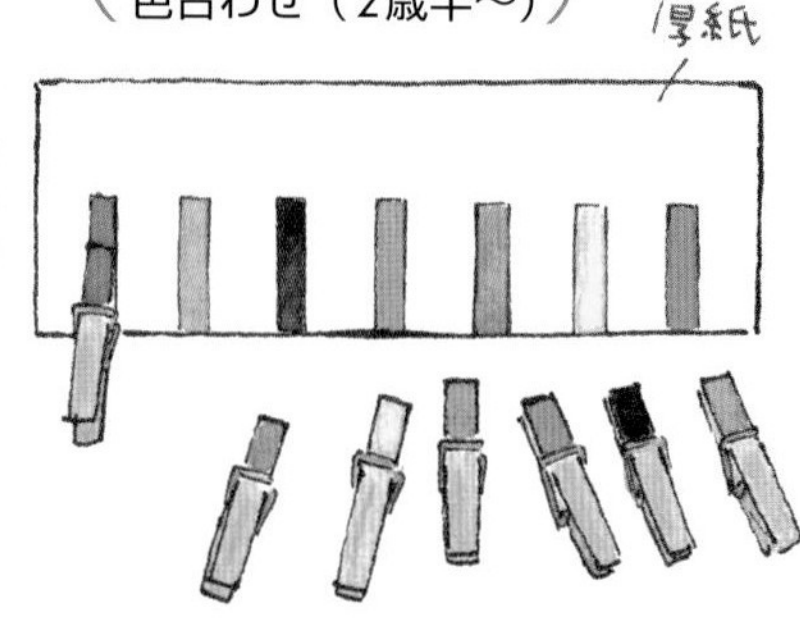

厚紙
色を合わせてはさんでいきます。

●おもな材料
空き箱（布や色紙を貼る）
厚紙
布テープ
洗濯ばさみ（ゆるめ）

ユーモラスなクマさんに、リボンをつけていくような感覚が楽しい遊具です。

●作り方ヒント

厚紙でクマの顔を作り、ボンドで空き箱に固定させます。クマの顔が動かないので、まだ片手ではさめない子どもには両手が使えてやりやすくなります。最初のうちは開く力が少なくてすむゆるめの洗濯ばさみを用意しましょう。

なお、クマの顔はふちがはがれてこないよう、布テープでしっかり補強します。

●動きの見せ方アドバイス

親指と、人さし指&中指で洗濯ばさみを持ちます。力を入れて押していくようすを見せ、反対側が開いていくのにも気づかせます。洗濯ばさみを開いたまま、クマの顔に持っていき、ふちを少しはさみこんでから指を放します。

手首や腕の力の調整
全身のバランス

持ち運ぶ

●重いものを持って歩きたい
●全身の力を使いたい

古本のケース
（1歳半〜）

●おもな材料
古本
ひも
厚手の布（2種）

縦19×横22×高さ6.5㎝
縦19×横22×高さ9.5㎝

古本をひもでしばる
持ち手用のひも㋐
持ち手用の布ひもⒶ
でひも㋐よりかなり長め。袋縫いにする

※ひも㋐は実際には布ひもⒶの中に隠れて見えません。

㋐を、古本をゆわえたひもに結びつける

Ⓑを縫うとき、布ひもⒶの端をいっしょに縫い合わせる。Ⓐでくるんだひも㋐を縫いこまないよう、注意。

Ⓐ
本体をくるむ布Ⓑ

買い物中、荷物を「持つ!」と言い張られて困った経験は？　子どもは一人歩きできるようになると重いものを持ち運びたがります。自分の力を試したいのです。

●**作り方ヒント**

子どもが持ちやすいよう、本をの重みがかかるひも㋐を、持ち手用の布ひもⒶでくるみます。持ったとき、本の重みで縫い目に負担がかからないように工夫しましょう。1・5〜3㎏の範囲内で、重さの違うものを8個ほど作ります。

●**動きの見せ方アドバイス**

少し離れた場所まで運ばせ、「力持ちだね」と声援を送ります。平均台のように並べたり階段状に積むやり方を教えると、バランスをとったり飛び下りたりという動きにつながります。

指先の洗練
手首と腕の力の調整

●くるくる巻きたい
●丸いものを転がしたい

布ロール（2歳～）

くるくる巻き上げていくと布が短くなり、最後は面ファスナーでピタッと留まるのがおもしろい点です。きれいに巻けないと布を留められないという難しさが、子どもの意欲を高めます。手首の動きをなめらかにする遊具です。

●作り方ヒント

コシと張りがあって巻きやすい、汚れをふきとりやすいなどの点から、テーブルクロスのような厚手のビニール布が最適です。端にボンドをつけ、反物の芯にしっかり固定させます。なお、裏側の面ファスナーは位置を確認してから縫いつけます。

●動きの見せ方アドバイス

きっちり巻いていかないと面ファスナーの位置が合わず、布が落ちてきてしまいます。布の両端がまっすぐになっているか、布にたるみがないかどうかを意識させます。

●おもな材料
ビニール製の布ⒶⒷ
面ファスナー
反物の芯
芯素材
両面テープやピン（壁固定用）

布Ⓑ：縦50×横20㎝
面ファスナー：縦2.5 ×横13㎝

指先の洗練
握る力の調整

通す

●穴やすきまに何かを通したい
●穴の大きさに合うものを通したい

お花のビーズスタンド（2歳〜）

皿立てとトレイはボンドで接着。

●おもな材料
花形ビーズ（直径2.5㎝）　皿立て（の一部）
木製トレイ　カラーテープ

棒にビーズを通していく感触が楽しい遊具です。棒に貼られたカラーテープと同じ色のビーズを選ぶことや、ビーズがきれいに積み重なっていくことも興味点となります。

●作り方ヒント

皿立てはいらない部分をカットし、棒の太さはビーズの穴より心もち細くなるよう、削ります。通すとき、途中で引っかからない程度に微調整してください。通すときのほどよいピッタリさ加減が魅力なのです。

●動きの見せ方アドバイス

トレイの中からビーズを一つつまみます。同じ色の棒にすぐには通さず、ほかの棒に近づけながら、「合っているかどうか考えている」ようすを見せてください。そのあと同じ色の棒に近づけ、色を確認してから通していきます。

キューブビーズ畑（2歳半〜）

小さなキューブビーズをつまみ、色を合わせながら細い芯に通していく、ちょっと難易度の高い動きです。

●作り方ヒント

空き箱に紙粘土を詰めて厚紙をのせ、6色の色紙をバランスよく貼ってからブックカバーフィルムでコーティングします。キリで穴を開け、綿棒を箱の底までさしこみます。

●動きの見せ方アドバイス

はじめに、すべてのキューブビーズを棒に通しておきます。つねに「きれいな状態、色が正しい位置」にしておくことで、視覚効果をねらいます。

次に、ビーズを一つずつはずし、器に出していきます。すべてはずしおわったらビーズを一つつまみ、色を確認しながら通していきます。

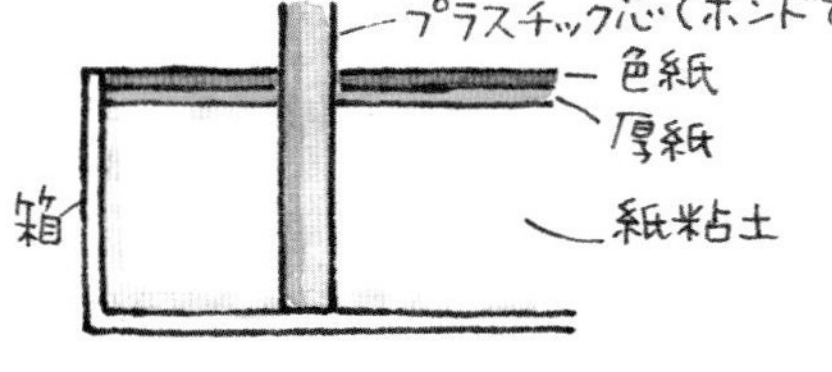

●おもな材料

空き箱　紙粘土　綿棒のプラスチック芯
厚紙　色紙（6色）
ブックカバーフィルム
キューブビーズ（1×1×1㎝）
※ビーズを入れる器　遊具をのせるトレイ

通す ファーストステップ

ドーナツ通し（1歳〜）

指でつまむ前段階の、「通す」遊具です。

直径5㎝ほどの筒を握り持ちし、棒に通して落としていきます。筒の穴のサイズは棒の太さに対してゆるゆるに。棒の高さは床から30〜35㎝ほどにし、ぐらつかないよう棒の底に台をつけ固定します。

指先の洗練

かける

●出っぱっているものに引っかけたい
●つながって長くなるのがおもしろい

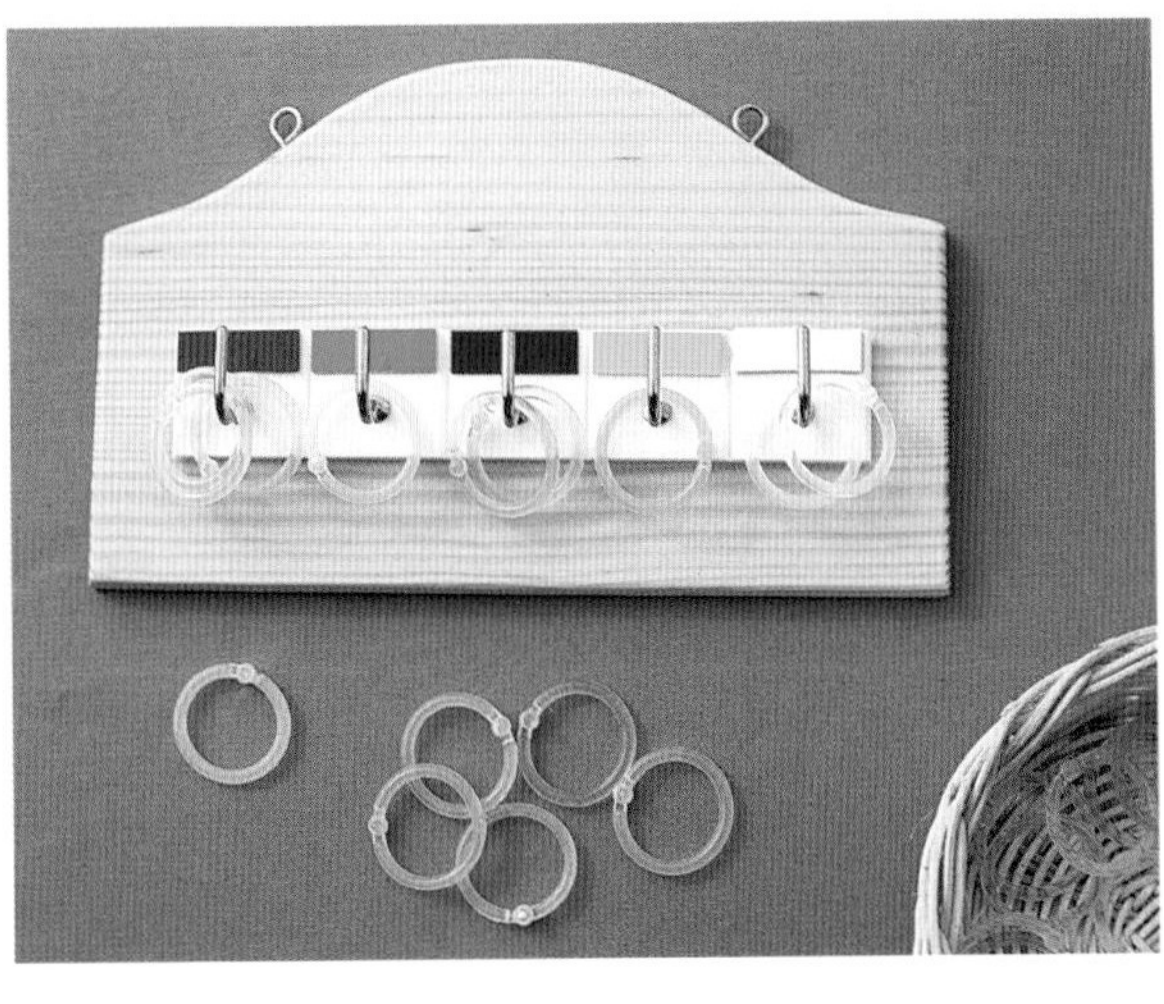

●おもな材料
表札板（壁かけ用フックつき）
L字フックがついたプレート
フープ5色（直径2.5㎝）
カラーテープ（5色）

フープの表札（2歳〜）

フックにフープがかかることや、カラーテープと同じ色のフープを下に合わせていくことが興味点になります。

●作り方ヒント

プレートにフックの数に合わせて色違いのテープを貼り、表札板と合体させます。

●動きの見せ方アドバイス

表札板を、子どもの目の高さに取りつけます。

フープを一つつまみ、ほかの色と照らし合わせながら確認、同じ色のところで止まります。それからゆっくり引っかけるのを見せます。子どもがフープかけに満足したら、5色そろったほかの「かけるもの」を用意してあげても。

かける バリエーション 汽車つなぎ（1歳半〜）

木のブロック（縦4・8×横2・2×高さ2・2㎝程度）をたくさん用意し、ジョイント用の金具を取りつけます。壁際にひもを張り、そこに引っかけながら下に長くつなげていきます。床の上でつなげば「汽車の車両連結」になり、座ったままでも遊べます。

なお、ひもにかけるものはフック状のものなら何でもOK。靴下ハンガーも遊び道具に変身します。

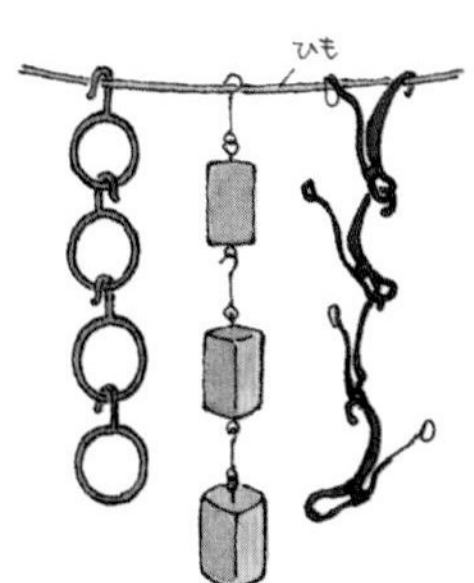

S字フック（2歳半〜）

●おもな材料
板
S字フック（長さ4㎝）
カラーテープ
ねじくぎ
テープやくぎ（壁固定用）
※S字フックを入れるかご

S字のカーブを利用して、どんどん長く、床に届くまでつなげていけるのがおもしろい点です。同じ色だけでつなぐ、色を交互に替えてつなぐなど、色の配置を考えるのも興味点になっていきます。

●作り方ヒント

ねじくぎをつけた板を子どもの目の高さで壁に固定します。フックがつながる部分にカラーテープを貼り、かけていくときの目印にします。

●動きの見せ方アドバイス

S字フックを一つ手に持ち、同じ色のカラーテープの下にあるねじくぎに引っかけます。次も同じ色のフックを取り、最初のフックに引っかけてつないでいきます。

そのとき、Sの字のカーブしているすきまに引っかけているのがわかるように、直前でいったん手を止めます。

指先の洗練
手首や腕の力の調整

あけ移す

- 物を別の場所に移動させたい
- 移すときの音や感触がおもしろい

計量カップのお水注ぎ（2歳半〜）

コーヒードリッパーを使うと、水の流れや形の変化をゆっくり観察できる。手前のスポンジで、こぼれたしずくをぬぐう。

●おもな材料
計量カップ
コーヒードリッパー
※道具をのせるトレイ
スポンジ（小）と小皿

水が形を変えて移動する現象は、いつの時代も子どもの心をとらえて放しません。お水注ぎのセットを作ってあげると、水の流れをのぞきこんだり流れ落ちる音を聞いたりと、繰り返し活動します。

水だけでなく、砂や豆など重さや音や質感の違うもので試すのもおすすめです。

●道具の準備ヒント

大きめの計量カップを2個用意。同じ位置に色でラインをつけ、片方のカップにラインまで水を入れます。

●動きの見せ方アドバイス

右手で右側の水の入ったカップの取っ手をしっかり持ちます。それから、左手で注ぎこむほうのカップの取っ手を持ちます。同時に持つのではなく一つずつしっかり持つことに意識を向けさせます。

次に、右側のコップを持ち上げて左側のコップに近づけます。真上にきたところで手首をゆっくりひねり、水をあけ移します。最後に、水をこぼさずに注げたかどうか、水の量がラインに合っているかを確認します。

見た目が変化しても、量には変化がない水の性質を知る手がかりにもなります。

お豆移し（3歳〜）

トレイにのせて
整理整とん！

●材料
小皿　豆　ピンセット
※道具をのせるトレイ

ピンセットで、豆をひと粒ずつ移していく動きです。
丸い形をしているのでちょっとつまみにくいのですが、そこが逆にやる気を起こさせます。「はさむ」道具を使うことも興味点です。

●道具の準備ヒント

豆はあまり細かいとつまみにくいので、うずら豆程度の大きさから徐々に小さくしていくといいでしょう。豆の数は10粒程度を目安に。

●動きの見せ方アドバイス

ピンセットの上部を、親指と人さし指&中指ではさむように持ちます。両方から同時に力を入れて押し、先端が開閉するようすを見せます。

豆をひと粒つまんで左の皿の上に持っていき、指の力を抜いて豆を放します。このとき、そーっと音がしないように入れて見せましょう。

あけ移す バリエーション
はし移し（2歳半〜）

はしをはじめて持つ子どもにピッタリの活動です。

仕切りのある小箱と、小さく切ったスポンジを用意します。はしを正しく持ってスポンジを1個つまみ、仕切りの中に移していきます。柔らかくてすべらないスポンジは、つまむ力や調整力に乏しい子どもにもつまみやすく、練習素材としておすすめです。

握る力の調整
手首や腕の力の調整

回す
ねじる

●くるくる回したい
●ねじるとどうなるの?
●お母さんのまね!

動物くるくる（2歳〜）

引いても引いても出てくるトイレットペーパーは、子どもにとってはふしぎな物体。そこからヒントを得て、引くだけでなく回す動きもできる〝布ペーパー〟を考案しました。ハンドルをくるくる回すと、動物たちが次々と登場するのが魅力的です。戻すときには巻き方も覚えられます。

●作り方ヒント

ペーパーホルダーの芯と布の端は固定しておきます。布は、巻きとりやすい厚手のキルト生地を使用。くだものや花など、子どもが好きな絵柄で作ってあげましょう。

●動きの見せ方アドバイス

ハンドルを握り、手前にゆっくり回して、布が出てくるのを見せます。今度は逆に、ハンドルを奥の方向に回して、布が巻きこまれていくようすを見せます。

壁などに取りつけます
布の長さは1mほどが遊びやすい

●おもな材料
キルト生地　フェルト
ペーパーホルダー
ハンドル
金具（壁固定用）

ねじる バリエーション
お化粧ごっこ（2歳〜）

びんのふたを、片っ端からじゅうたんの上に並べているA子ちゃん。お母さんがメイクしている姿をいつも見ているのでしょう。クリームをほっぺにつけるまねもしています。

高価な化粧品を台なしにされないためにもミニケースをたくさん用意してあげては? 本体とふたに同じシールを貼っておけば、柄合わせへの興味もでてきます。

化粧品の空ケースなら、どんなに触られてもOK。

グングンのび棒（2歳半〜）

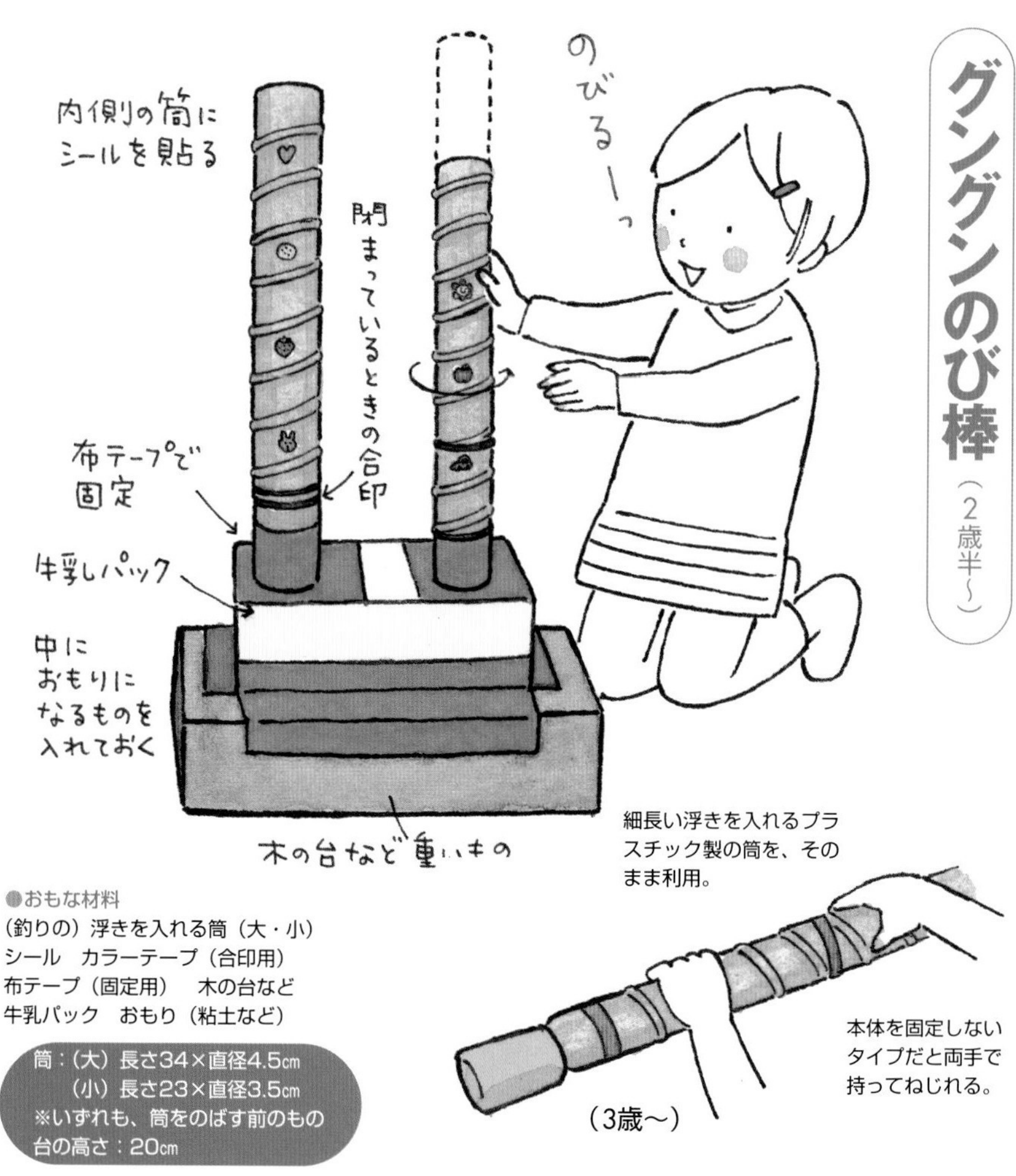

●おもな材料
（釣りの）浮きを入れる筒（大・小）
シール　カラーテープ（合印用）
布テープ（固定用）　木の台など
牛乳パック　おもり（粘土など）

筒：（大）長さ34×直径4.5㎝
（小）長さ23×直径3.5㎝
※いずれも、筒をのばす前のもの
台の高さ：20㎝

筒をねじり続けていくと、グングンのびてどんどん長くなっていくのがおもしろい点です。内側の筒に貼られたシールがはっきり見えてくるのも好奇心を満足させます。

●作り方ヒント

立てた筒はグラつきやすいので底の部分を固定します。

●動きの見せ方アドバイス

筒のなかほどを握り、ゆっくり内側にねじっていきます。これ以上手首が曲がらないところまでねじったら手を放し、手をもとの位置に戻します。ふたたび筒を握り、ねじる→手を放す→手をもとの位置に戻すという一連の動きを繰り返します。同じ方向にねじり続けるのがポイントです。

筒をもとに戻すときは、逆方向にねじり続けます。合印のテープが重なったらおしまいです。

結ぶ

●結びたい！
●結び目ができるのがおもしろい

タオル丸結び（2歳半～）

エプロンのひもがほどけているのを見つけた女の子。お母さんが後ろを振り返ったときには、すでにひもの先端まで結びつくされていたそうです。この連続結びができる前段階が丸結びです。

●作り方ヒント
柔らかいタオルを縦に巻いて端を縫い、太いひもを作ります。これならはじめてでも結びやすく、結び目ができていくようすもよく見えます。

●動きの見せ方アドバイス
ひもの位置が変化するようすを、一つずつゆっくり見せていきます。最後は腕の力で左右にグッと引っぱります。

•結び方手順•

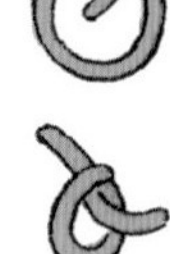

タオルのひもはほどくのも簡単だから、何度でも繰り返せる。

結ぶ ステップアップ
いろいろ、ひも結び（2歳半～）

タオルでの丸結びが上達したら、太く柔らかく長いひもから細く固く短いひもへ、少しずつ難易度をアップさせます。結べるようになった子どもは、どんどん次の段階にチャレンジしたがります。最後は、ひもの先端まで連続結びができるように。

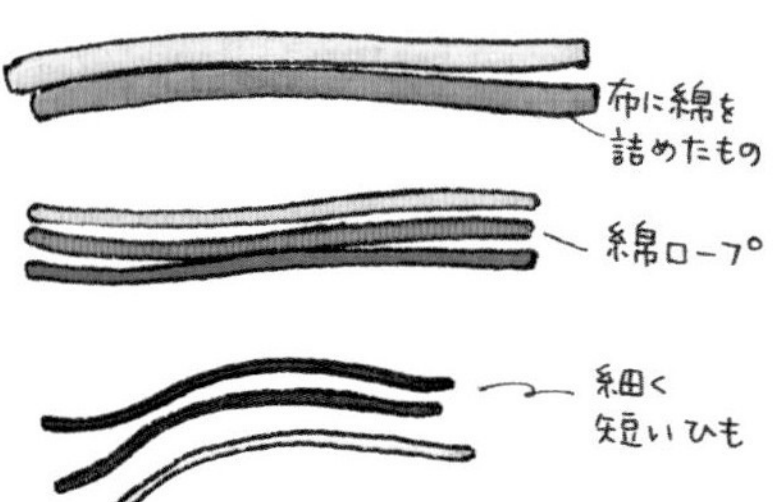

着脱

パンツを脱ぐ、ズボンをはく、上着のそでを通す、ボタンを留めはずしする。着脱にはさまざまな動作がともないます。子どもが楽しみながら着替えを上達させ、自立できるアイディアが満載です！

ズボンや靴下の上げ下げをサポート
かくれんぼごっこ
（1歳半～）

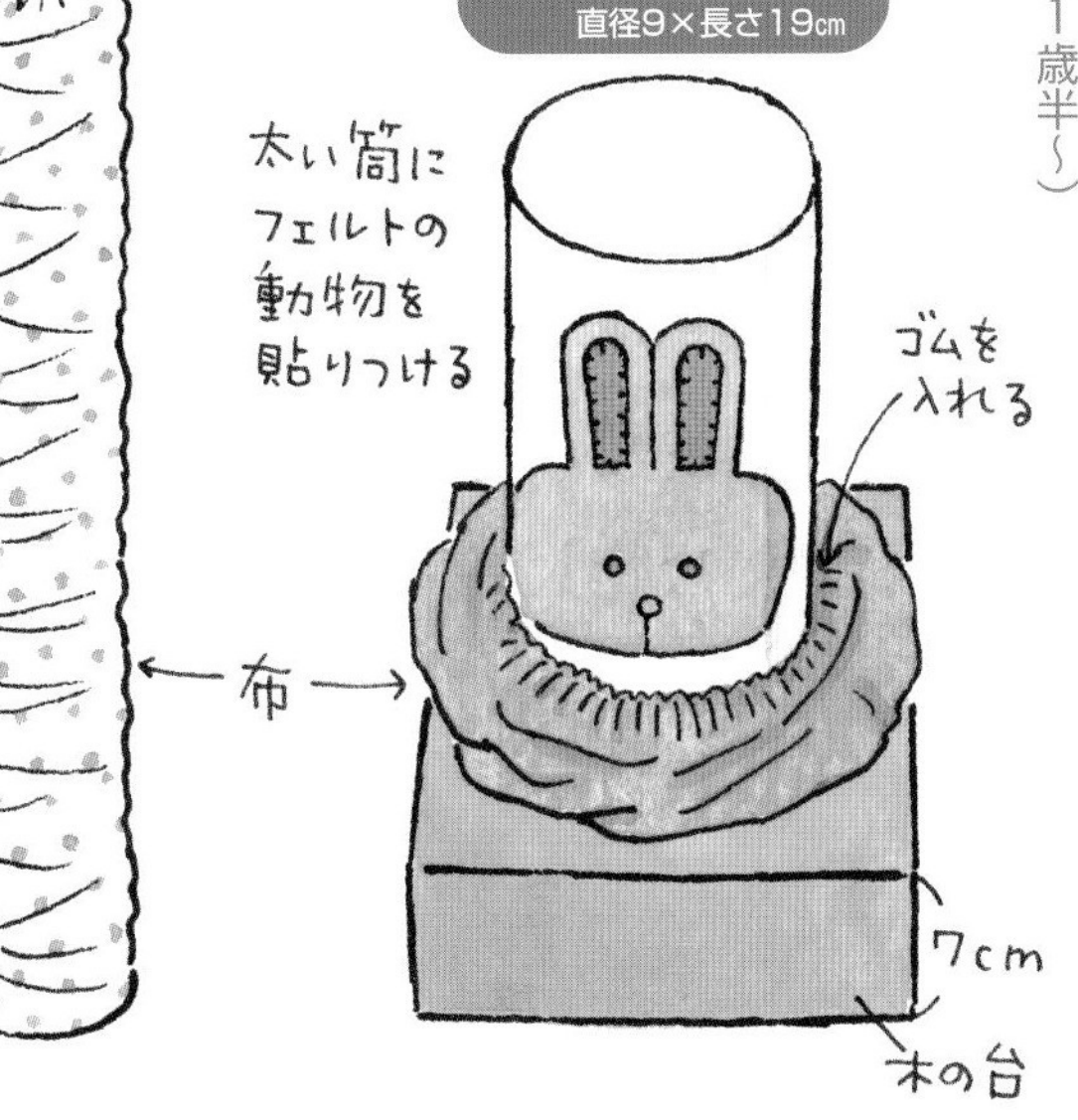

ゴムが入った部分を両手でつまみ、上げ下げ。

筒：直径6×長さ95㎝
直径9×長さ19㎝

布のゴム部分を上げ下げすると、キリンやウサギの絵が見え隠れする遊具です。「こんにちは」「バイバーイ」と絵に話しかけながら、子どもはしぜんに〝上げ下げ〟の動作を習得していきます。

また、キリンのほうは高さがあるので、いちばん上まで布を上げるときは両腕を精いっぱい上げることに。反対に下げるときは床にしゃがみこみますので、体全体の筋肉運動にもなります。

●動きの見せ方アドバイス

両手を筒状に縫った袋のゴム口にもっていきます。布の両端を左右それぞれの親指と人さし指、中指でつまみ、引き上げたり引き下げたりして見せます。

ボタンの留めはずし

おむすびボタン（1歳10か月～）

12.5cm
ボタンホールも布の角にあるので持ちやすい
反対側に黒い布をあしらえば、のりむすびに！
Ⓐ
8cm
色の異なる布を重ねて縫う
ボタンの直径は3cmほど
×
○
溝があるとすべりにくいので、ボタンがけしやすい

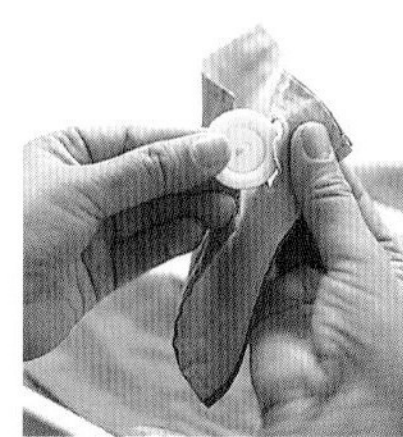

「おむすび何個作った！」と遊びながら、ボタンがけの練習ができます。慣れてきたらボタンの大きさや数、ボタンホールの向きを変えて挑戦。

●作り方ヒント

はじめてボタンがけする子ども用には、イラストⒶ部分のように布の角をカットし、ボタンをつけます。ボタンがつまみやすくなり、動かし方もよく見えます。ボタン自体も大きめでつまみやすい形を選び、ボタンホールはゆるめのサイズに作ります。

●動きの見せ方アドバイス

ボタンや布のどの位置をつまめばよいのか、ボタンホールを通すときにボタンがどのように動いていくのかなどの一連の動作を、段階別に、ゆっくり見せます。はずすときのボタンと布の動かし方も、スローモーションで。

ボタン留めの首飾り（2歳～）

ボタンを留めていくとどんどん長くなり、最後に輪になるようつなげれば、首飾りのできあがり！　同じ色を連続させたり交互につなげたり、繰り返し活動できます。色みのきれいな柔らかい布を用い、ひもはボタンをはめやすく、かつ、はずれにくい長さに調整することがポイントです。

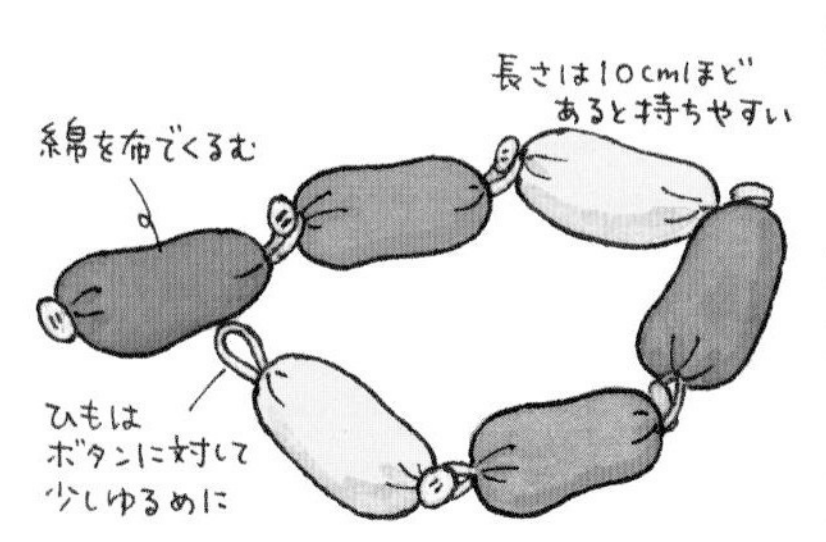

長さは10cmほどあると持ちやすい
綿を布でくるむ
ひもはボタンに対して少しゆるめに

スナップボタンの留めはずし

タコ足スナップ
（1歳10か月〜）

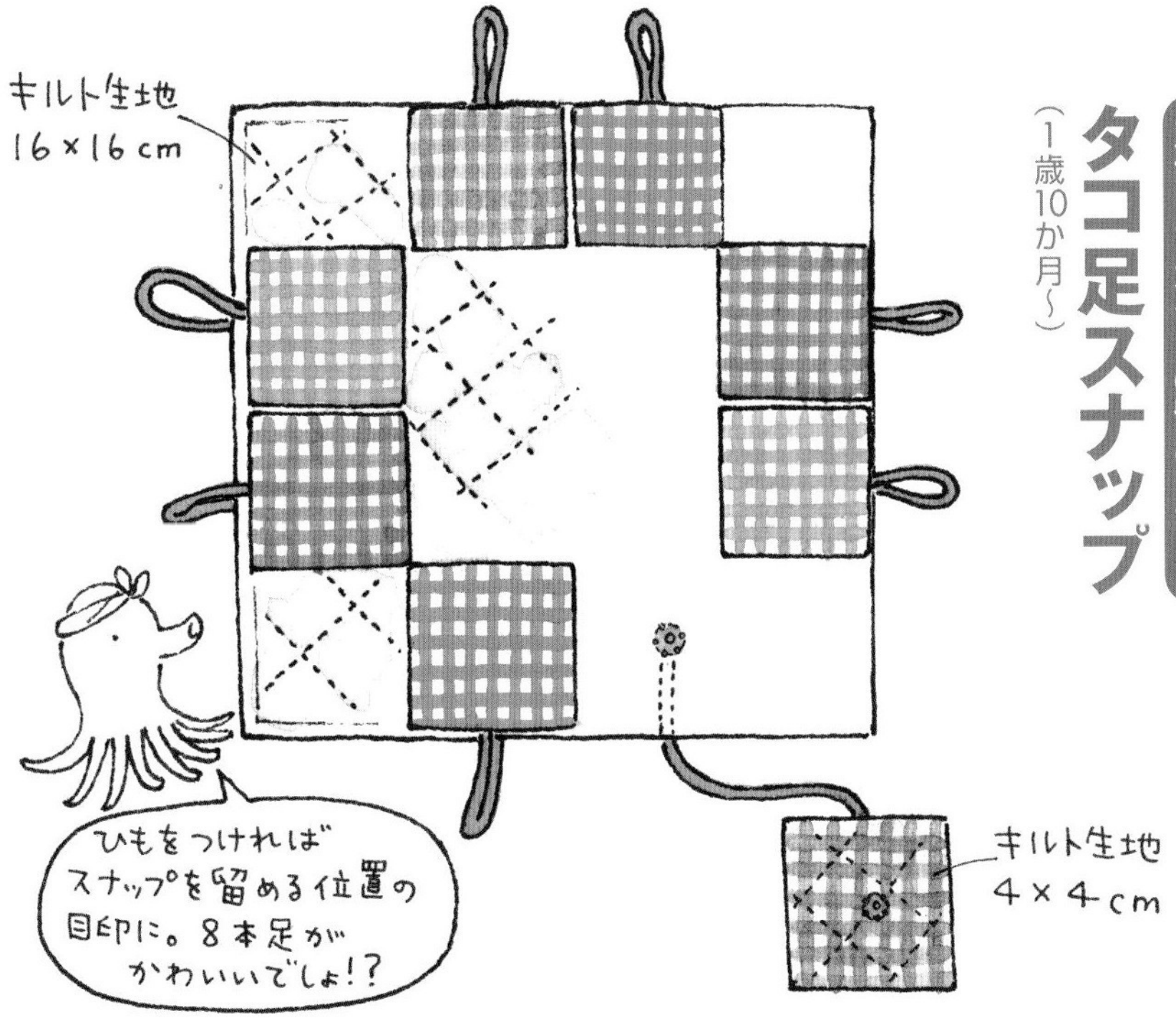

キルト生地
16×16cm

キルト生地
4×4cm

ひもをつければ
スナップを留める位置の
目印に。8本足が
かわいいでしょ!?

この時期の子どもは「持ち運ぶ」くせが特徴。小さい布がなくなるのを防ぐため、ひもをつけました。見た目のかわいらしさもアップ！

●材料ヒント

繰り返し遊べるじょうぶなキルト生地に、大きめのスナップボタンをつけます。

●動きの見せ方アドバイス

小さい布をスナップボタンのところまで持っていき、凹凸が重なる位置を確かめながら押すようにして留めます。慣れないうちは両手で抱えて留めはずししても……。

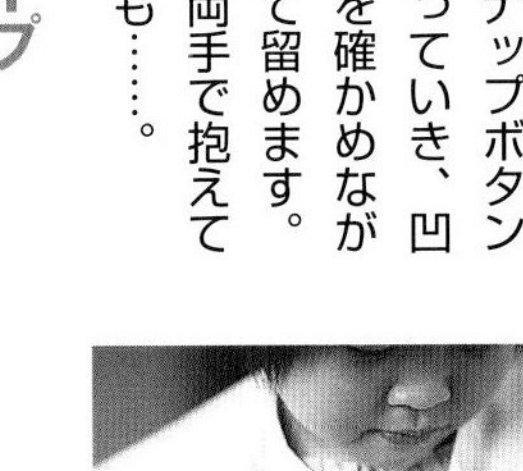

おしゃれケープ
（2歳半〜）

子どもは鏡を見るのが大好き。おしゃれしたときなど、着こなしが決まっているかどうか、喜んで確認しにいきます。自分がどんなふうに見えるのか興味津々なのです。

スナップボタンに慣れてきたら、おしゃれ心をくすぐるケープを作ってあげましょう。「つけたい！」という欲求が、難しい角度のスナップボタン留めに挑戦させます。

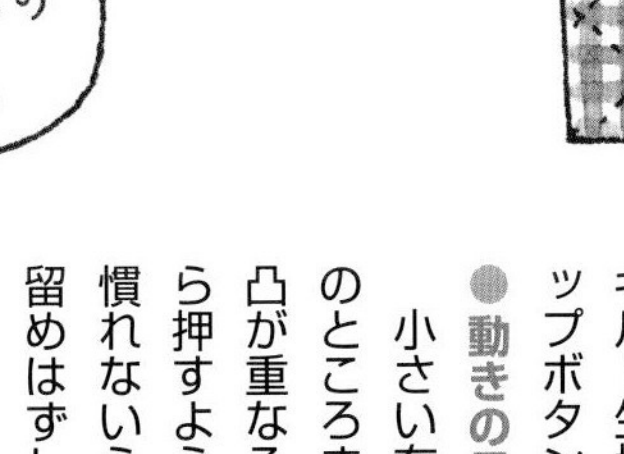

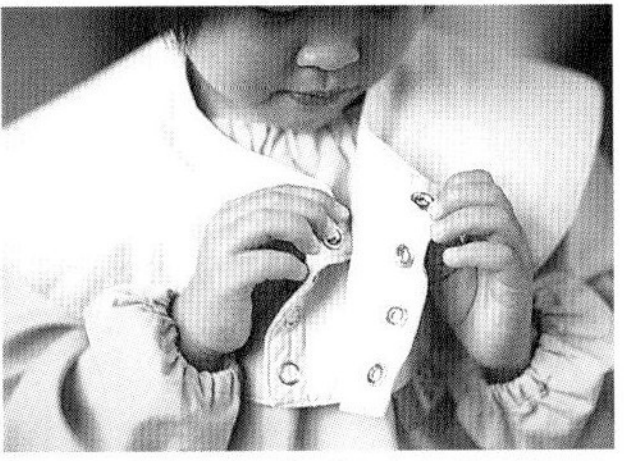

スナップボタンの順番や合わせる位置を確認。

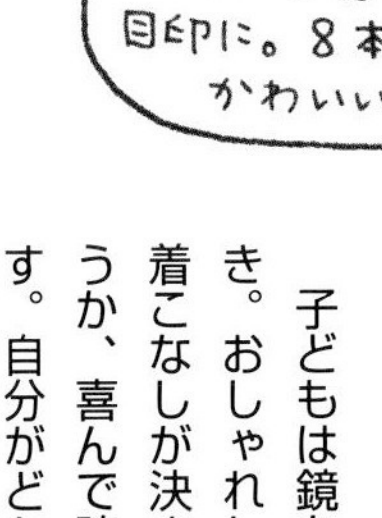

そでやズボン、パンツの裏返しをサポート

おやすみゾウさん

（2歳3か月～）

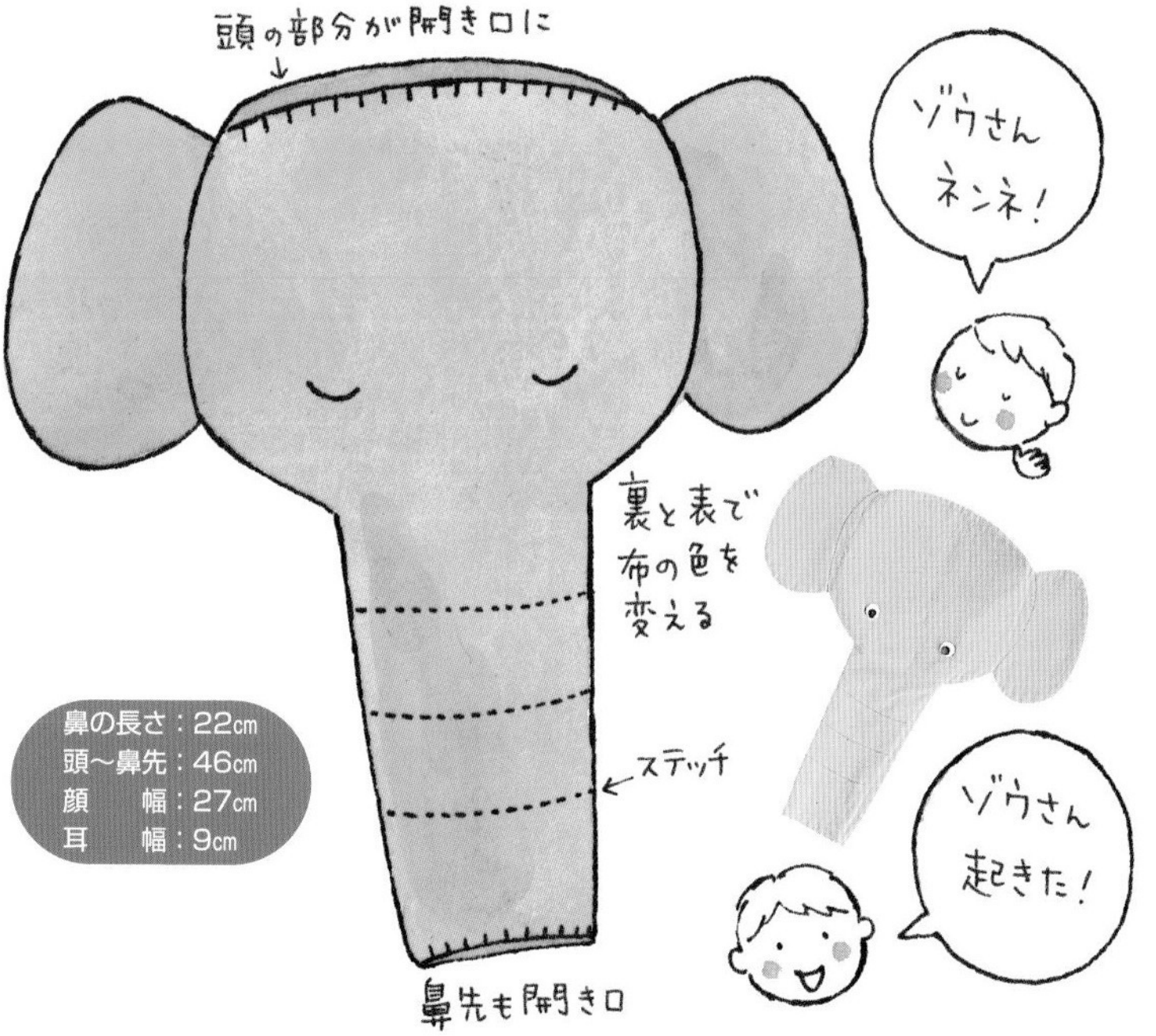

頭の部分が開き口に

裏と表で布の色を変える

ステッチ

鼻先も開き口

鼻の長さ：22cm
頭～鼻先：46cm
顔　幅：27cm
耳　幅：9cm

ゾウさんネンネ！

ゾウさん起きた！

ゾウさんを寝かしつけたり起こしたり、という動作を繰り返し楽しみながら、そでやズボンの裏返し方を身につけていきます。

作り方ヒント

ゾウの鼻は、小さな子ならズボン、ちょっと大きな子には上着のそでに相当するサイズにしてあります。また、ゾウの耳部分は裏返すのが難しいので、袋縫いした内側にも同じ耳を作っておきます。

動きの見せ方アドバイス

左手で頭の開き口（上側の一枚）を持ちます。右手をそこから入れ、鼻先から指を出して開き口をしっかりつかむのを見せます。ゆっくり手を引きながら鼻を頭から引き出し、裏返していきます。最後にまだ裏返っていない頭の部分の布を同じ色になるよう整え、ゾウさんの変身完了！

ブタさんパンツ

（2歳～）

パンツの形をさかさにして、ブタさんクマさんを作りました。「ブタさん、出してあげて」などと声かけすると、喜んで繰り返します。長さが短いので裏に返しやすく、はじめての練習にはピッタリ。ブタとクマで色を変え、裏表の違いをはっきりさせます。

開き口

11cm

開き口 20cm

裏に返すとクマさんに！

布はフェルト使用
左右最大幅：27cm
上下最大幅：21cm

第

章

動きながら自分磨き

感性や知性を高める遊具

毎年、子どもたちに人気を博している手作り遊具のなかから、
1歳半～4、5歳用のものを紹介。
創造につながる手の活動や、五感を洗練させたり
数と言葉合わせのための道具など、
先生たちの工夫やアイディアがいっぱいです。
目や耳などの感覚器官を存分に働かせ、
知性を総動員させながら活動することで、
子どもの心と体が豊かにバランスよく発達。
調和のとれた人格が育ちます。

※ここで紹介している遊具のサイズは、対象年齢の子どもが使いやすい大きさの目安です。

創造力を育む手の活動

園の作品展では毎年、子どもたちの切り紙や縫いさしのみごとさに、保護者や見学者から感嘆の声があがります。「ほんとうに子どもが作ったのですか?」と、信じられない顔をする人もいます。

でも、どの作品もみな、子どもたちが自発的に楽しみながら作ったものばかりです。

その中心となるのが「折る」「切る」「貼る」「縫う」の四つの基本的な動きです。

自分で段取りを考え、動きながら、次へ次へと展開させていくこれらの動きは、まさしく自立のプロセスと同じです。

そして、思いのままに切ったり貼ったりできることが、「できた!」という喜びになり、自信を生み、ステップアップへの意欲を高めます。

3歳から6歳くらいにかけてがいちばんのびる時期です。子どもが楽しみながら成長していける活動材料を、たくさんそろえてあげましょう。

3〜4歳前後がチャンス!

四つの動きは、材料や道具を使い、さまざなことを表現していく基本です。

折る、切る、貼る、縫う、どれも何種類もの動きがからみあった複合の動きですので、最初は子どもの手はおぼつかず、道具もうまく使えません。でも、「あぶない」「まだ早い」と禁止するのではなく、おとながしっかり見守り、サポートすれば問題ありません。

はじめに、道具の使い方、指の動かし方を分析し、正確にていねいに、一つずつの動きを超スローモーションでして見せます。

3、4歳の子どもはどう動けばよいかに強い興味がありますから、子どもがわかるやり方でお手本を見せてあげれば、驚くべき集中力で吸収していきます。3歳ごろから、正確な動きを繰り返しする時間を十分にとってあげましょう。

●子どもは動きながら学ぶ

知性の働きを活発にしていくことにも、この四つの動きは深くかかわっています。

貼る活動を例に、説明しましょう。

はじめてその動きを体験する子どもは、一枚の大きな台紙に一つの紙を貼るだけで精いっぱいです。慣れてくると、枠に合わせたり、辺と辺を合わせて列を作ったり、色を交互に変えたりと、貼る内容をどんどん複雑なものにしていきます。

そのとき、子どもの頭の中で、分析、対応、集合、比較などの知的な活動が同時に働き、貼り続けたり難しいものにチャレンジしていく喜びや意欲も生まれているのです。

目と手を使い、連続・発展させながら貼ることで知性や感受性をブラッシュアップ。子どもは動きながら学び、生きる姿勢を身につけていくのです。

おとながすべき配慮は、順を追ってステップアップしていける段階性や連続性のある材料をそろえてあげること。そして、子どもが一つの段階をとことんやり抜いてから次に進めるよう、せかすことなくゆっくり見守ってあげることです。

知性は3歳ごろから急速にのび出します。

そのとき、知性の働きをともなう手の技術を最大限に上達させてあげることで、子どもの表現力や創造力が、豊かにのびやかに発揮されていくのです。

折る

必要な基本の動き

面ファスナーで布を留める

洋服をたたむ

巻き上げる

角と角を合わせ、折り線をきっちりつける「折る」という動きは、最初はとても難しいものです。

一心不乱に〝アイロンがけ〟。

3歳4か月のAくんもそうでした。折りはじめのころは、紙を押さえる指に力が入らず、やっと合わせた角がすぐにずれてしまうのです。それでもAくんは、くる日もくる日も「折り紙する！」と熱心に折り続けていました。

そのうち、指の動かし方や力の入れ方がわかってきたようです。1か月たつころには角や辺がピタリ！ チューリップや魚など、形のあるものもきれいに折れるようになり、Aくんの棚はいま、折り紙でいっぱいになっています。

折り方が雑にならないためには、最初が肝心です。基本の三角折りを、繰り返し、十分にさせてあげましょう。

あわてずあせらず。三角折りをマスターすれば、どんな難しいものも自由自在に折れるようになります。

「折る」準備

●用意するもの

紙

〈サイズ〉

子どもの手の大きさに合わせて紙のサイズを変えます。角がピタッと合うよう、正確な正方形を作ってください。

3歳～：10×10㎝、12×12㎝

4歳～：7・5×7・5～15×15㎝

5歳～：5×5～15×15㎝

〈材質や色、枚数〉

ほどよい厚みがあり、色がきれいで、折り線がしっかり見えるものを選びます。

模様が入っているものは、折り線がきちんと見えるかどうか確認します。

好きなだけ折れるように、つねにたくさん用意しておきましょう。

Step 1 三角折り（3歳〜）

折り紙のすべての基本が三角折りです。手元が見えやすいよう子どもの右側に座り、紙を押さえる手や持ち上げる手、指の動きを、順番にゆっくり、ていねいに見せます。ポイントは次の二つです。

●角と角をきちんと合わせる

折り重ねる紙同士の角を正確に合わせます。角と角を結ぶ辺もピッタリ重なっているかどうか、意識させます。

●人さし指の腹で〝アイロンがけ〟

角を合わせたら人さし指の腹で折り山を押さえ、アイロンをかけるようにしっかり、まっすぐの折り線をつけていきます。

❶右手で紙の手前を持ち、左手はまんなかよりやや上に置く。

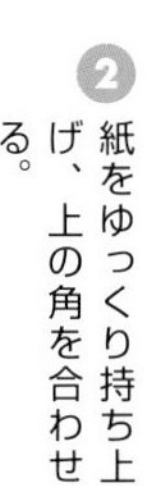
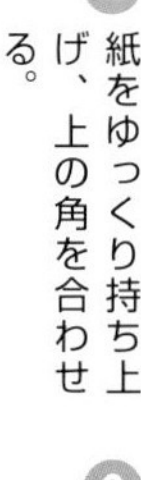
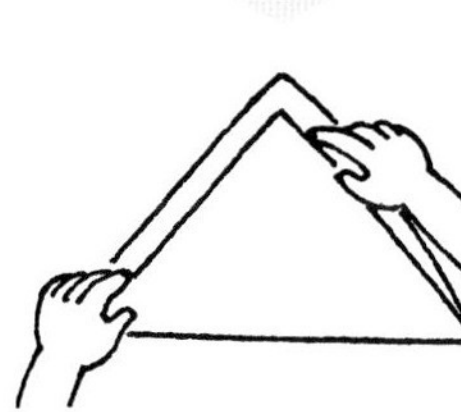

❷紙をゆっくり持ち上げ、上の角を合わせる。

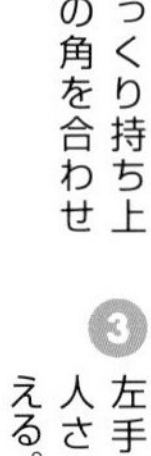
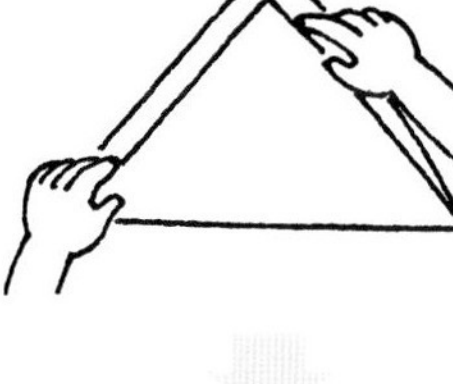
❸左手をそっと抜き、人さし指で角を押さえる。

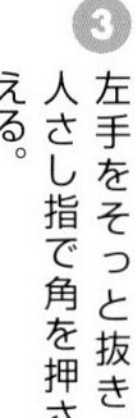
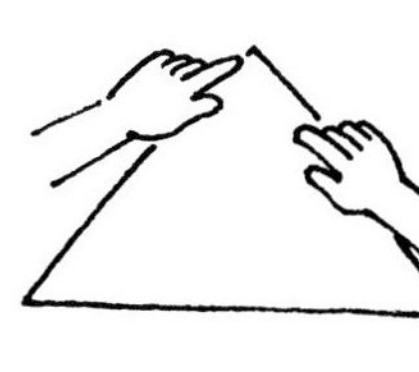

❹右人さし指も添え、しっかり押さえる。

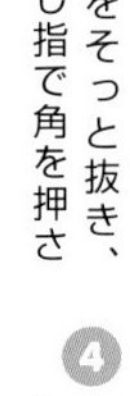
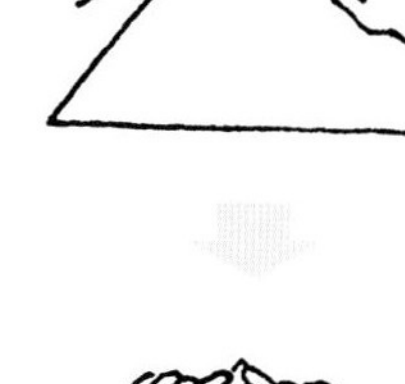
❺左人さし指を垂直にスライドさせ、押さえる。

❻右人さし指も同様に、下におろす。

❼右人さし指を右端までスライドさせてアイロンがけ。

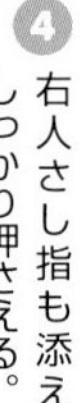
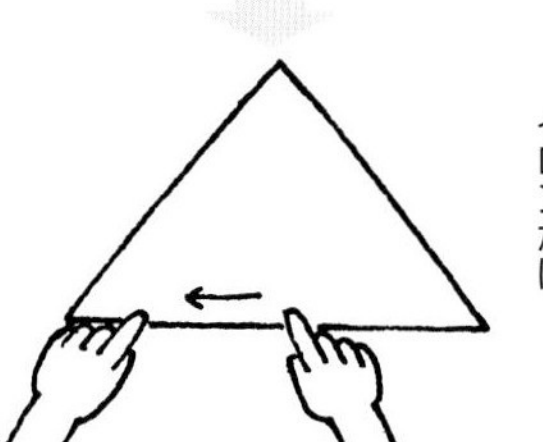
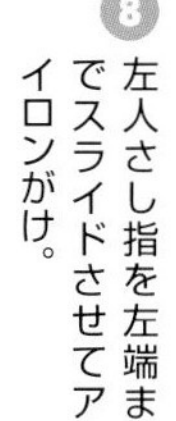

❽左人さし指を左端までスライドさせてアイロンがけ。

Step 2 形のあるものを折る〈魚〉（3歳〜）

三角折りができるようになれば、何でも折れるようになります。手はじめに、魚にチャレンジしてみましょう。

角と角を合わせ、折り線をきっちりつけながら数回折ると、魚のできあがり。一枚の紙を形のあるものに変身させたことに、子どもは深い喜びと満足感を覚えます。

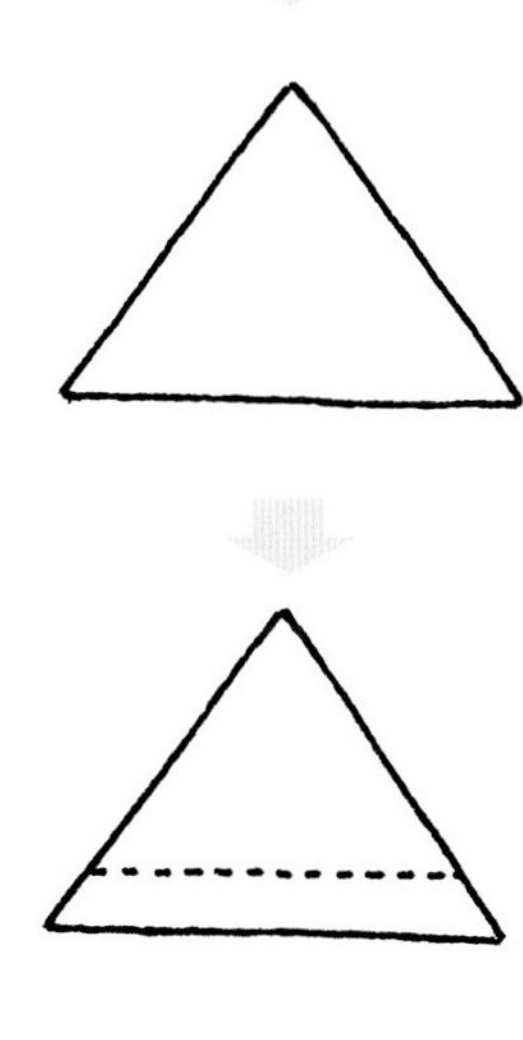

1 三角折り。

2 向きを変えて折り線をつける。

3 開いて向きを戻す。

4 点線部分を折る。

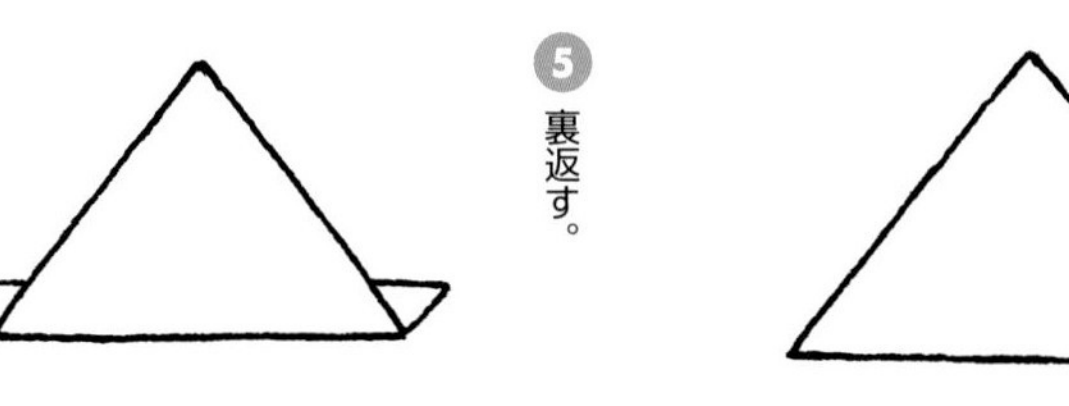

5 裏返す。

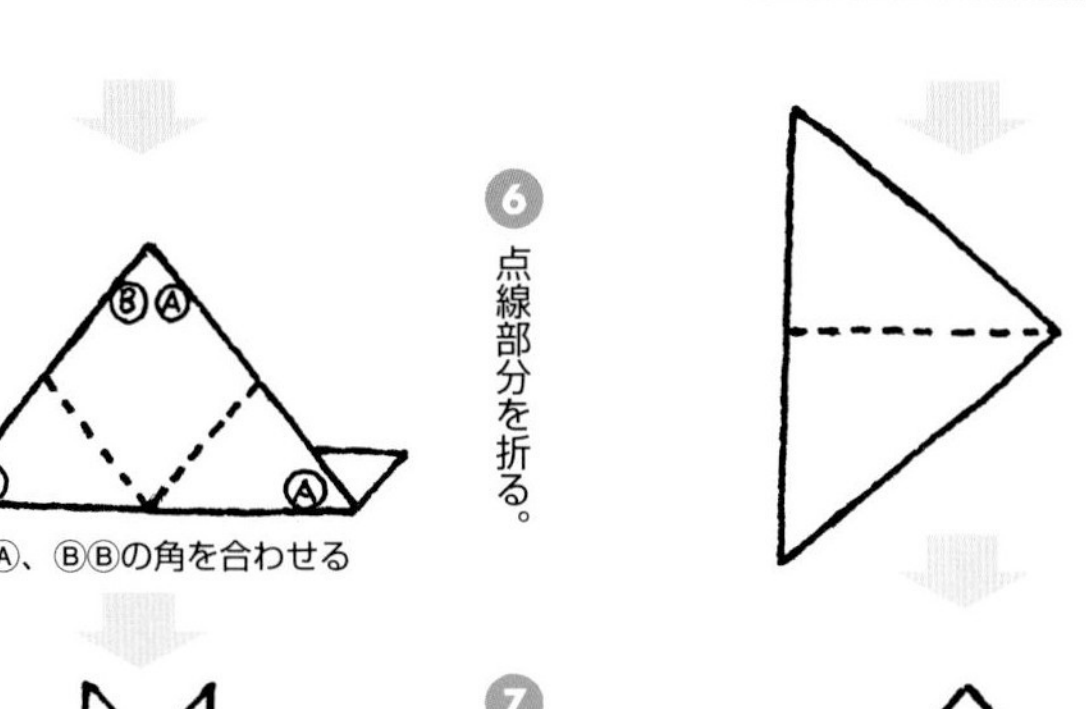

6 点線部分を折る。

ⒶⒶ、ⒷⒷの角を合わせる

7 折った形。

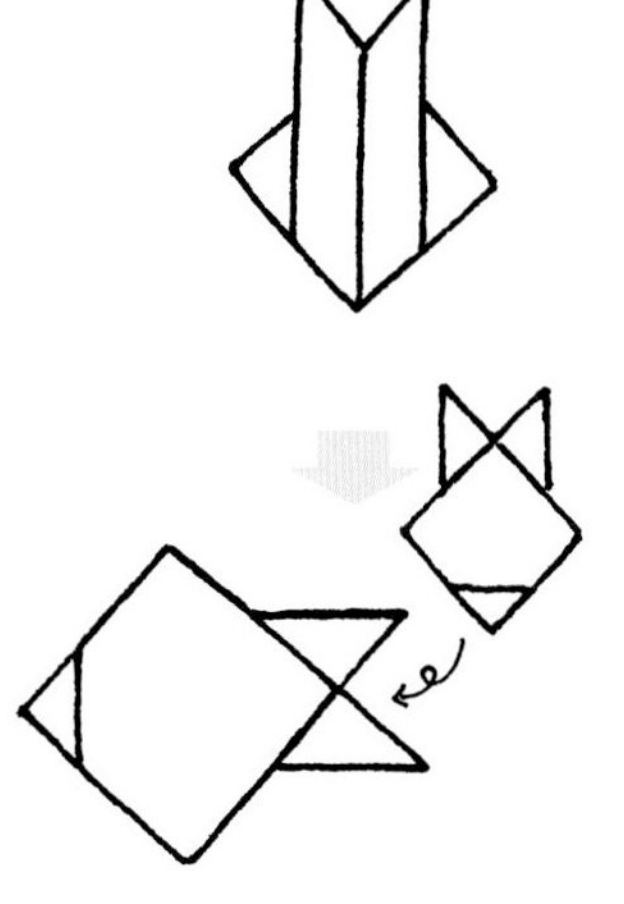

8 裏返すと魚！

Step 3 立体や貼り絵を作る（4、5歳〜）

手や指が思いどおりに動くようになると、折るスピードが早くなり、折り線もみごとなまでに美しくなります。より複雑なものにチャレンジしたい、という意欲がわきあがってきます。

立体を折ってつなげたり、台紙に貼る貼り絵のやり方を教えてあげましょう。折ったものを並べたり組み合わせたりすることで、まったく新しい作品が生まれます。子どもの感性を尊重しながら、想像力がより広がるような手助けをしてあげてください。

ブドウ

紫の紙で小さな立方体をたくさん折り、それをつなげてブドウに。楽しいアイディア（4歳児）。

園児の作品

赤トンボ

折り紙で作られた羽が、トンボの躍動感をいきいきと表現。トンボの向きや数で、好きなように雰囲気を変えられる（4歳児）。

切る

必要な基本の動き

握る

つまむ

さおばさみではさむ

おとな顔負けのスピードで、複雑な切り紙を完成。

　はさみの使いはじめは、一回切りからスタートです。2歳児のSくんも、5㎜幅に切ったハガキからはじめました。毎日続けているうちにスイスイ切れるようになったので、次は1・5㎝幅の紙に挑戦。ところが、「あれ？ いままでみたいに切れないよ？」

　紙の幅に対して刃先の開き方が小さく、途中までの切り込みで終わっています。

　そこで、もっと刃先を広げて切るやり方を先生から教えてもらいました。最初はなかなかうまく開けません。でも、繰り返し繰り返しやっているうちに、「チョッキン！」。Sくんの顔がパーッと明るくなり、「できた！」とうれしそう。刃の広げ方がわかったSくんは、いつまでも切ることを楽しんでいました。

　切り落としを十分繰り返すうちに、はさみの持ち方の基礎ができます。そして細い幅の直線を切るころには、はさみの腹（中央）を使うやり方がのみこめてくるでしょう。

「切る」準備

●用意するもの

紙　はさみ　鉛筆

〈紙質や色、枚数〉

　切ったときの感触や音を楽しめるよう、いろいろな材質の紙を用意しましょう。いらなくなったカレンダーやハガキ、チラシ、ざら紙、ティッシュペーパーの箱など、厚すぎず薄すぎずハリのある紙なら何でもOKです。

　好きなだけ切れるように、枚数はつねに補充してあげてください。

〈紙のサイズ〉

　各コーナー参照。

〈はさみのサイズ〉

　子どもの手の大きさに合わせ、小さいものを用意。刃わたり6～7㎝くらいのものがよいでしょう。よく切れる質のいいものを選びます。

Step 1 切り落とし（2歳〜）

紙の幅を徐々に太くし、1回で切り落とせる単純切りから、数回刃先を動かして切り落とす連続切りにつなげていきます。十分に慣れてきたら、線に沿って切る切り落としに進みましょう。

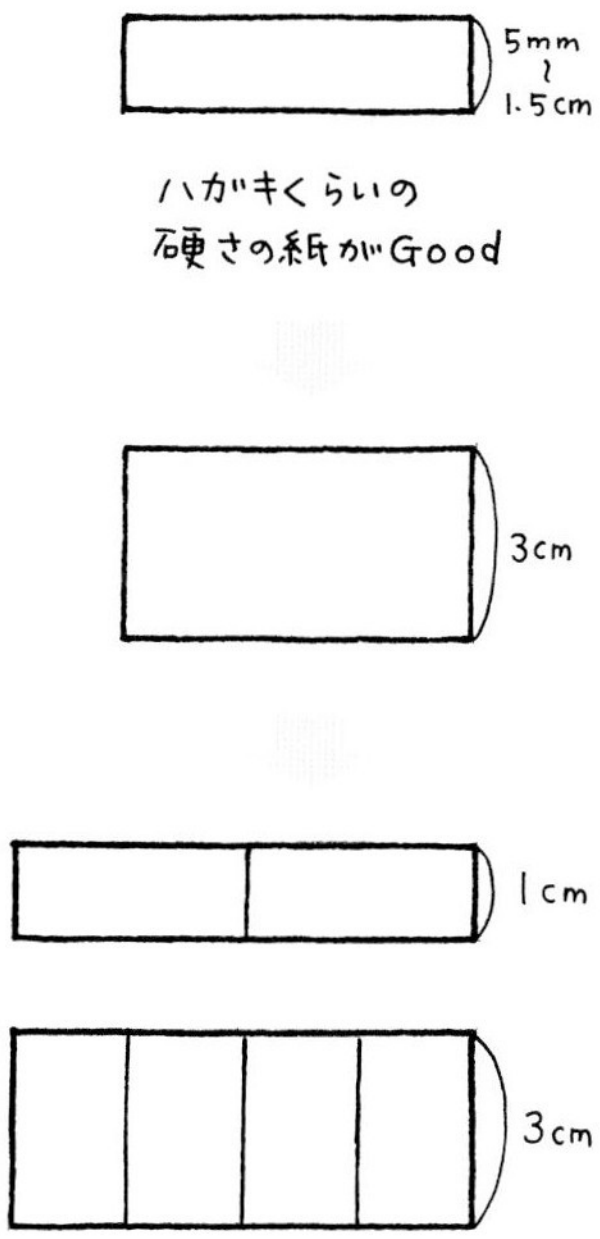

❶ 一度でチョッキン。

❷ 刃を数回、開閉。

❸ 線に沿って切る。

Step 2 直線切り（2、3歳〜）

これだけの長さを線に沿って切ることは、子どもにとって大きなチャレンジです。

はさみの刃を何度も大きく開け閉めし、線の上を正確に切ることを意識させます。

幅2〜3㎝
長さ
20〜30㎝

Step 3 曲線、角つけ切り（3歳〜）

曲線はゆるいカーブからはじめて、最終的には渦巻きまで切れるようにします。

角つけ切りは角でピタリとはさみの動きを止めますが、指の力を調節できるかどうかがポイントです。

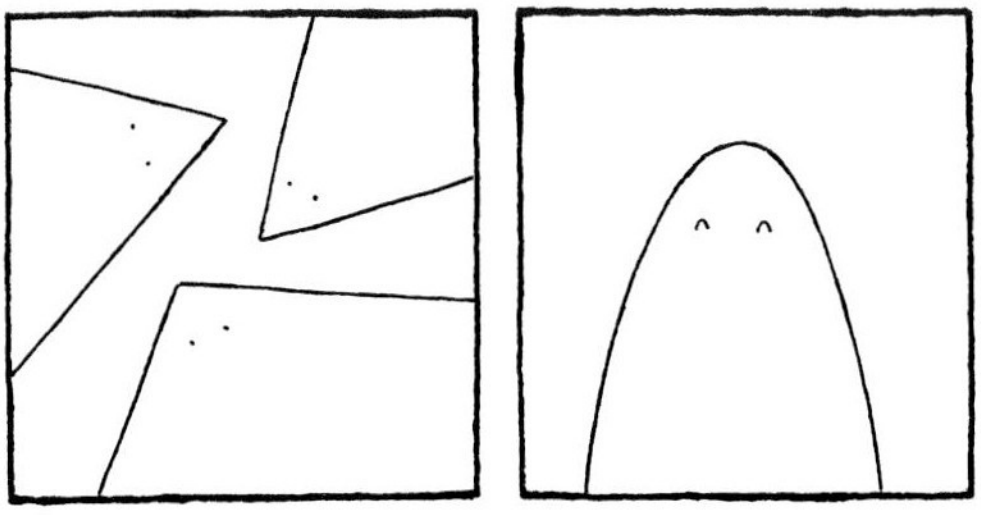

サイズ：ハガキ大〜ハガキの倍ほど

直線切りのバリエーション そうめん切り（3歳〜）

5㎜という、細い幅に紙を切り続けることに挑戦したKちゃん。線を凝視し、はさみをゆっくり開閉して、全神経を集中させて切っています。30分以上かけて切りおえたときには「そうめんみたい」と感動して、数週間、そうめん切りに熱中していました。

このことがKちゃんに、深い満足感と自信をもたらしたのは言うまでもありません。

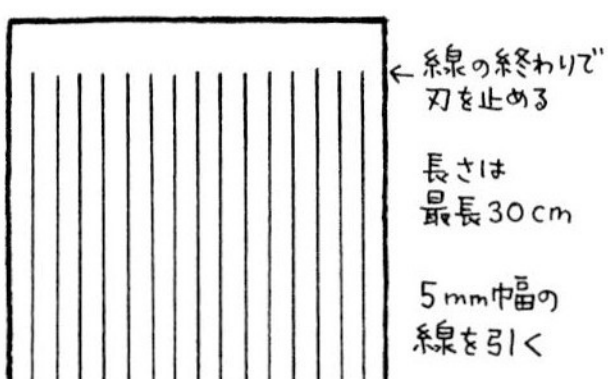

Step 4 角と曲線の切り抜き（3歳〜）

サイズ：ハガキ大〜ハガキの倍ほど

刃の開け閉めが思いどおりに調節でき、はさみの腹の使い方がわかってくると、曲線や角のある図形をきれいに切り抜けるようになります。

どんな図形を切るにしてもつねに刃先を大きく広げ、刃の中央（腹）を使って切ることを意識させてください。

Step 5 二つ折りの切り抜き（3歳半〜）

はさみの腹使いを完全にマスターしたら、二つ折りの紙を切ってみましょう。

まずは、丸やチューリップといった単純な形からスタート。慣れてきたら、飛行機や二重の星など、少しずつ複雑な図案に進みます。切って開いたときにどんな絵柄が現れるのか、子ども心をワクワクさせます。

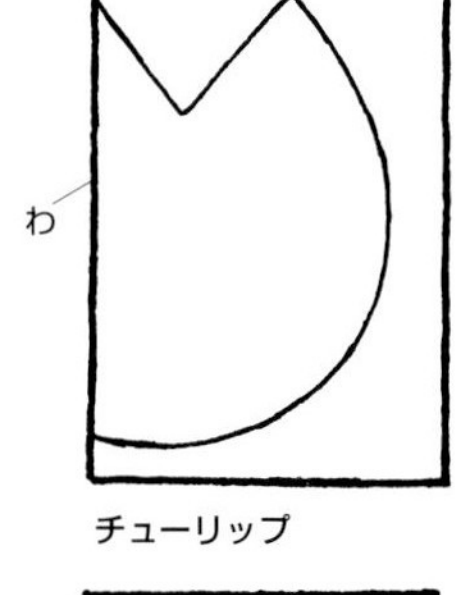

チューリップ

わ

丸

サイズ
縦10㎝
横7.5㎝×2倍

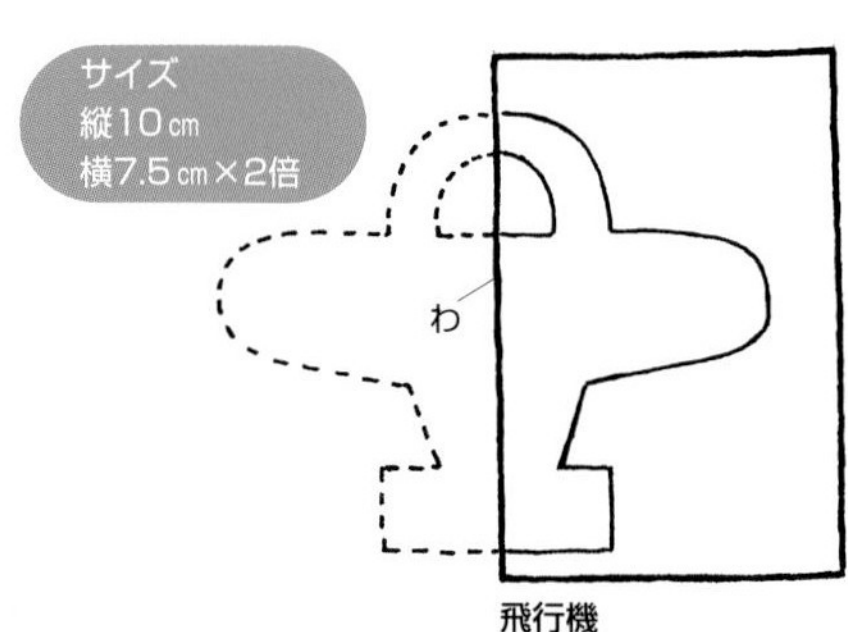

飛行機

はさみの持ち方と使い方

「はさみはあぶない」と禁止しても、触りたがるのが子どもの常です。指先の機能が洗練されていく幼児期にこそ、正しい持ち方や使い方をしっかり教えることが大切です。正確な使い方を知ることで、危険も少なくなるのです。

❶ はさみを置く。

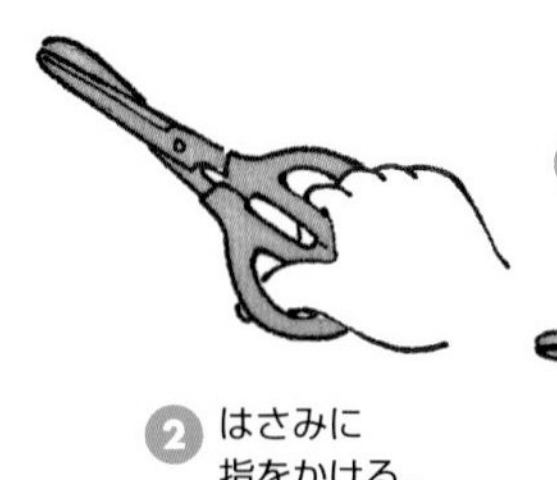

❷ はさみに指をかける。

園児の作品

二つ折りの切り紙。複雑な線も正確に切れているので、できあがりの形が美しい（4歳児）。

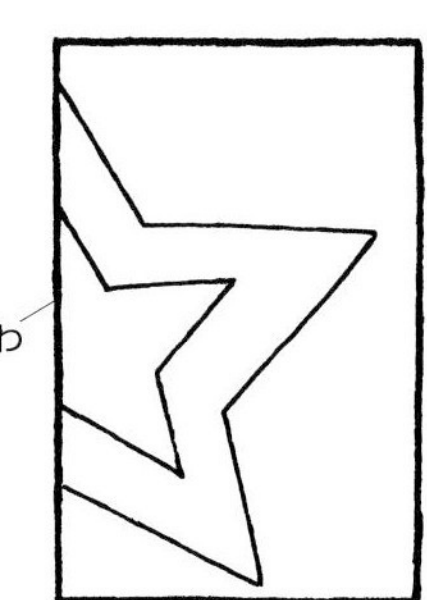

二重の星

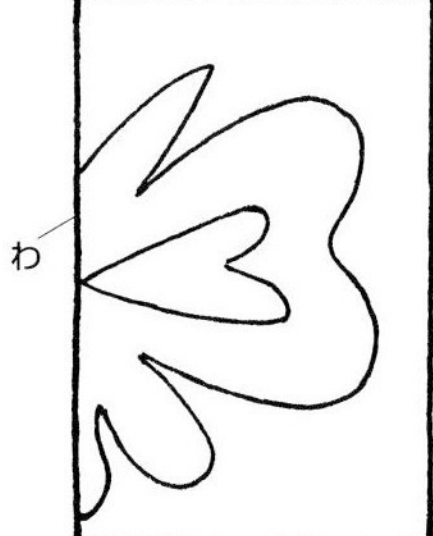

チョウ

花

3 刃先を向こうにして、はさみを立てる。

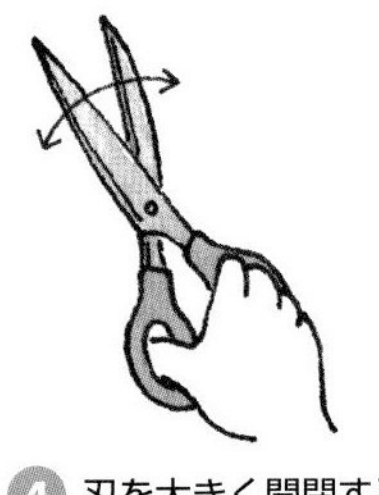

4 刃を大きく開閉する。

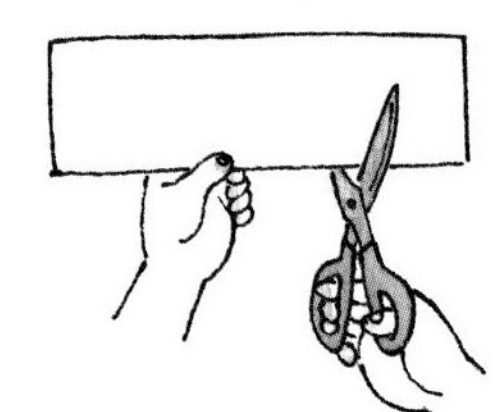

5 紙を刃の間に入れ、刃をゆっくり閉めていく。

ワンポイント

- 刃の開閉時、指に力を入れること。
- はさみの腹を使うのを意識すること。

貼る

必要な基本の動き

押しながら合わせる

つまむ　はがす

磁石をつける

「貼る」という、一見、単純な動作の、何が子どもを引きつけるのでしょう。

シール貼りが大好きなNちゃん。ある日、線上に貼ることを試してみました。ゆっくり慎重に、線を意識して貼るのですが、どうしてもずれてしまいます。線が秩序正しくそろわないことが、気になってしかたがないようす。

何度も何度も「うーん」とため息をつきながら、シールをはがしては貼り、貼ってははがし……。何十回も繰り返すうちに、Nちゃんの表情が輝きました。ピッタリ貼れたようです。指先をコントロールし、思いどおりに動かせることがうれしくて、Nちゃんはずっとずっとシール貼りを続けていました。

一方、のり貼りができるようになった3歳のHちゃん。色紙を台紙に貼りながら、「ピクニックに行くの」とうれしそう。花を咲かせ、車を走らせ、自分だけの物語を鮮やかに創りあげていました。

「貼る」準備

●用意するもの

台紙　色紙（初期はシール）

小さな容器（シールや切った紙を、色や形別に入れる）

※以下、のり貼りの場合のみ

のり　のり用下敷き

お手ふき　受け皿

〈台紙〉

ハガキ大からハガキの倍くらいのサイズが手ごろです。色鉛筆などで、目印になる補助線を引いておきます。

〈シール〉

シール貼りでは大量のシールを使います。八百屋さんに頼めば、くだものに貼るシールなどを安く分けてもらえるかもしれません。

〈色紙〉

○□△や花形など、いろいろな形に切ったものを用意します。

〈シール貼り〉（2歳〜）

Step 1 自由に貼る

白い台紙を用意し、好きなところに好きなように貼っていきます。貼るときの感触を味わったり、一度貼ったらシールがくっつくことを知ったり、貼ったあとの台紙に模様がついてにぎやかになっていくようすを楽しみます。

サイズ：ハガキの2倍ほど

Step 2 点上に貼る

点の位置を意識し、シールを点に重ねるようにして貼っていきます。うまく貼れなかったときは点が見えるので、すぐにやり直せます。

シールのサイズを小さくすると難易度がアップします。

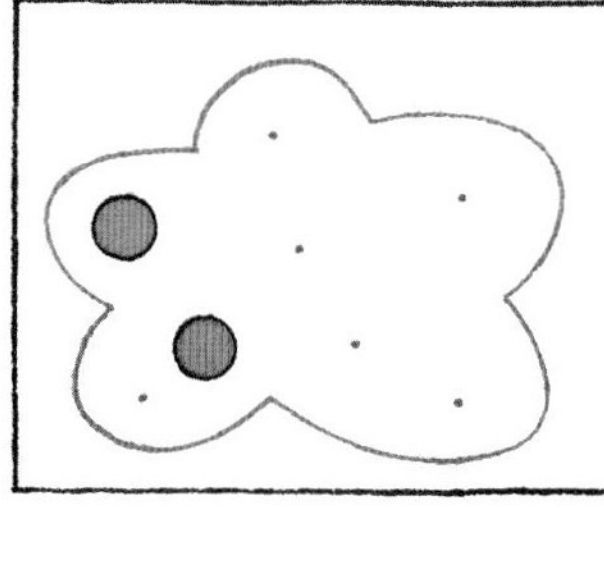

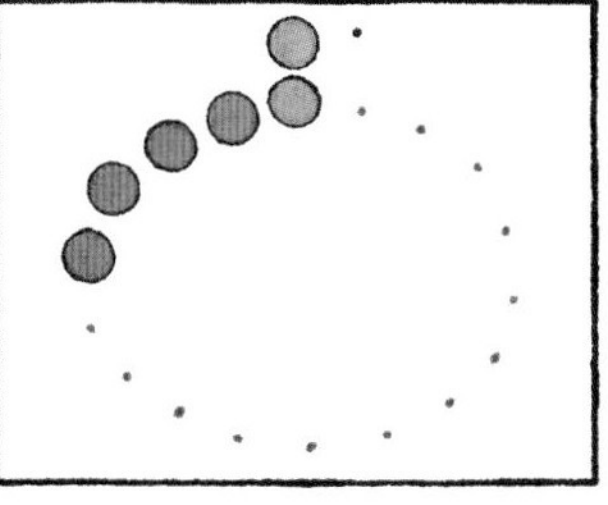

サイズ：ハガキ大〜ハガキの2倍ほど

Step 3 枠の内側に貼る

貼るスペースを限定していきます。最初は余裕のある枠内に、慣れてきたら、だんだん枠を狭くしていきます。最後はシールと枠の大きさを同じにして、枠内にきれいに貼ってみましょう。

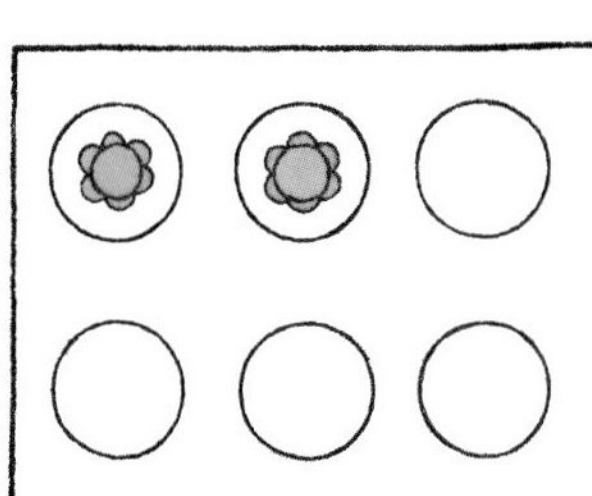

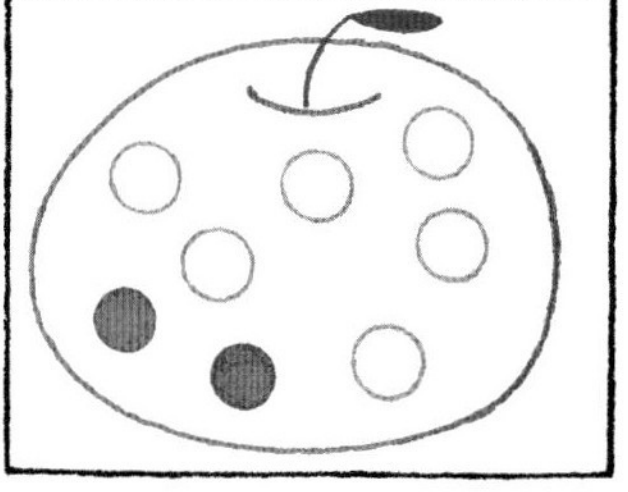

サイズ：ハガキ大〜ハガキの2倍ほど

はがしやすいシールの工夫（〜2歳ごろ）

指先がうまく使えないと、シールをはがすのは難しいもの。最初のうちは端を少し折り、めくりやすい工夫をしてあげましょう。

①端を折って
粘着面
②台紙に戻す
③はがしやすい

Step 4 線に沿って貼る

●直線

線に沿って、まっすぐ正確に貼ることを意識します。

最初は短い線上にシールの一辺を合わせて貼ります。反対側にも貼ってみましょう。

次は、一本の長い線に挑戦。間をあけずに貼ります。

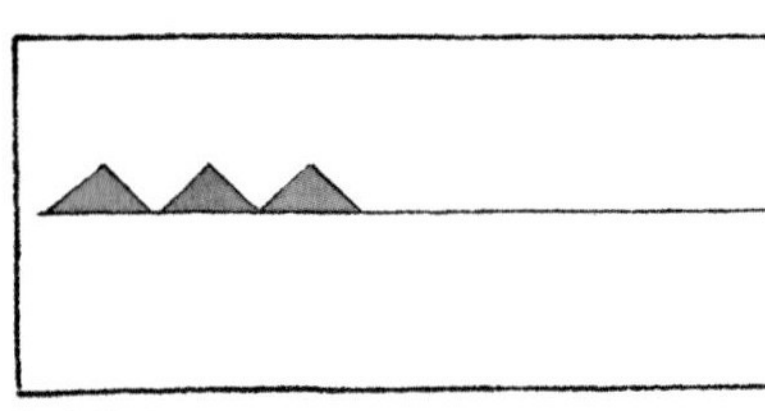

サイズ：6×18㎝

●曲線

カーブの変化に合わせて、シールの向きを少しずつ変えながら貼っていきます。

たえず線の位置を確認し、シールとシールの角がきれいに合って美しい連続模様のように見えるよう、注意しながら貼ります。正確でていねいな動きが必要です。

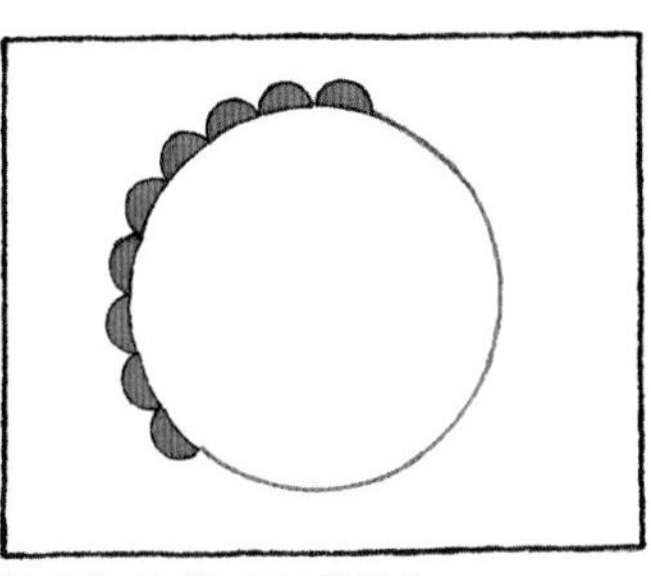

サイズ：ハガキの1.5倍ほど

〈のり貼り〉（3歳～）

Step 5 さまざまに貼る

●組み合わせる

いろいろな形に切った紙を組み合わせて貼り、花や家など、形のあるものを作っていきます。補助線のないものもバランスを考えて、見た目が美しくなるように貼ります。

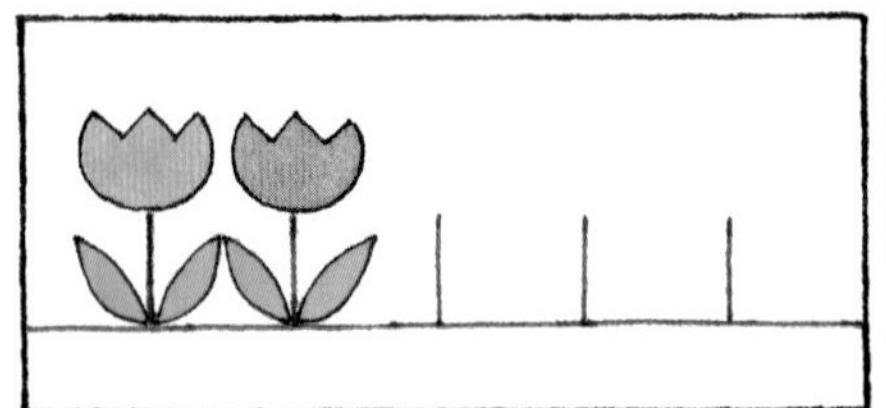

サイズ：6×18㎝

●枠の形に合わせる

一か所、わかりやすい部分のラインをまず合わせ、それから全体を貼っていきます。

サイズ：ハガキよりやや小

●交互と色別

枠ごとに色を互い違いにしたり、列で色を変えたりして貼ります。比較や集合の要素が強くなります。

サイズ：6×18㎝

●埋めていく

小さくちぎった紙を貼り重ね、図形や模様を作ります。パーツを分け、同じ種類のものから埋めていくこと。また、紙の形がふぞろいなので、まっすぐな線をつくるとき注意して貼りましょう。

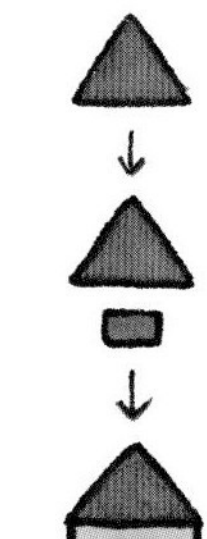

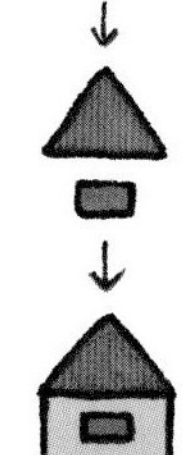

サイズ：ハガキ大

のりづけの基本

人さし指で紙のまんなかを押さえます。もう一方の人さし指で、中央から外側に向かってまんべんなくのりをのばします。

下敷き

園児の作品

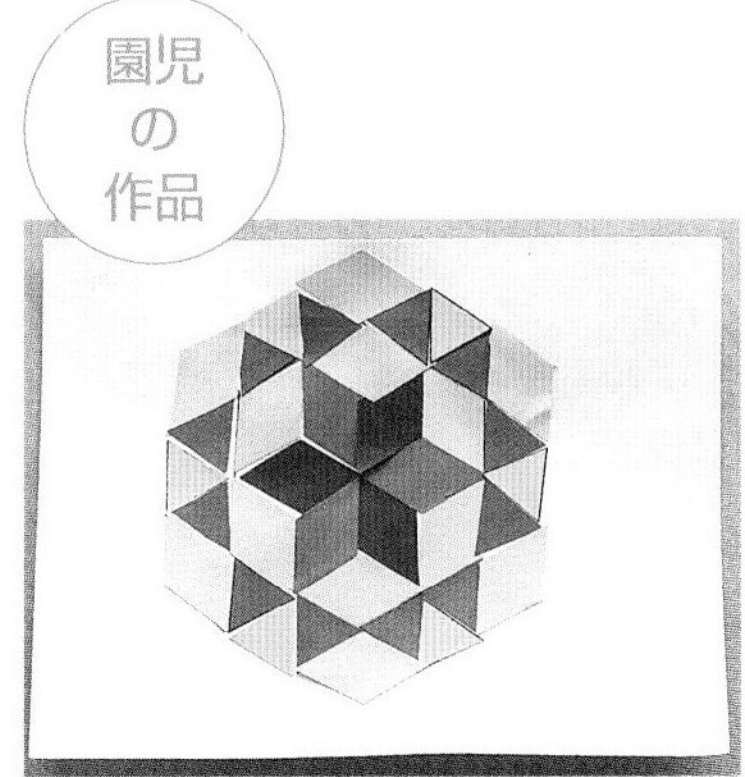

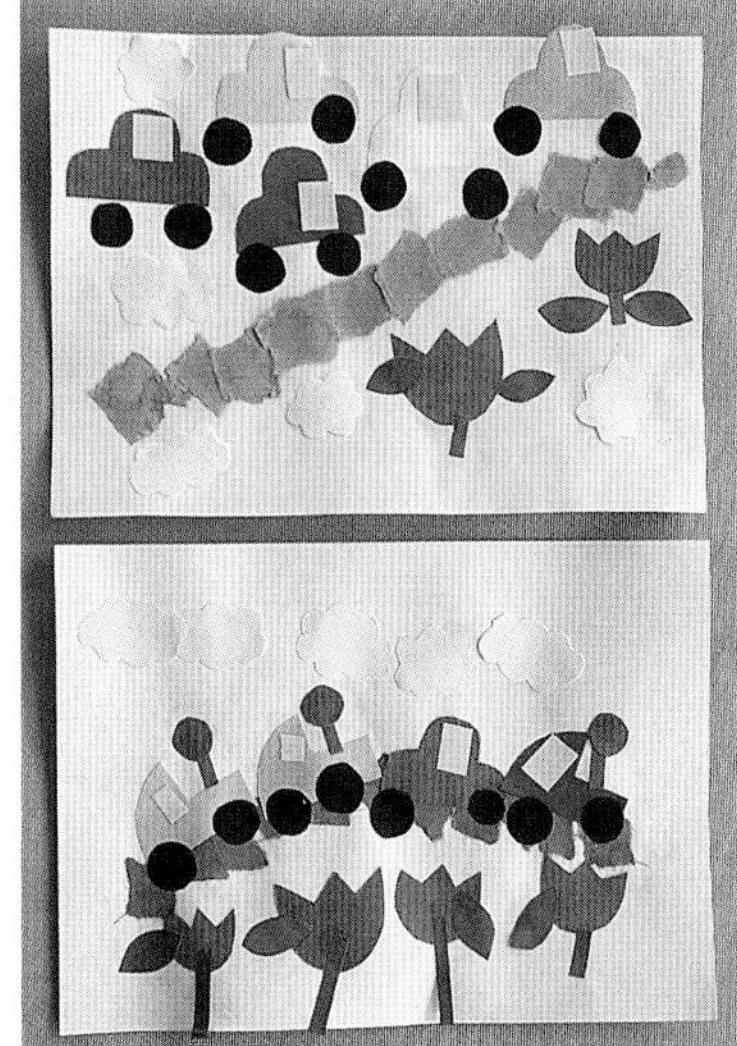

上は、辺と辺がピタッと合い、色の組み合わせも美しい幾何学模様の作品（5歳児）。下は、同じ素材を自由に貼り、物語をつむいでいく作品（3歳児）。

縫う

必要な基本の動き

通す

紙に穴を開ける　刺す

糸を切る　結ぶ　糸巻きに糸を巻きとる

「小さな子どもに針を持たせるなんて、とんでもない！」と、多くのおとなが思っていることでしょう。

でも、はさみ同様、正確な

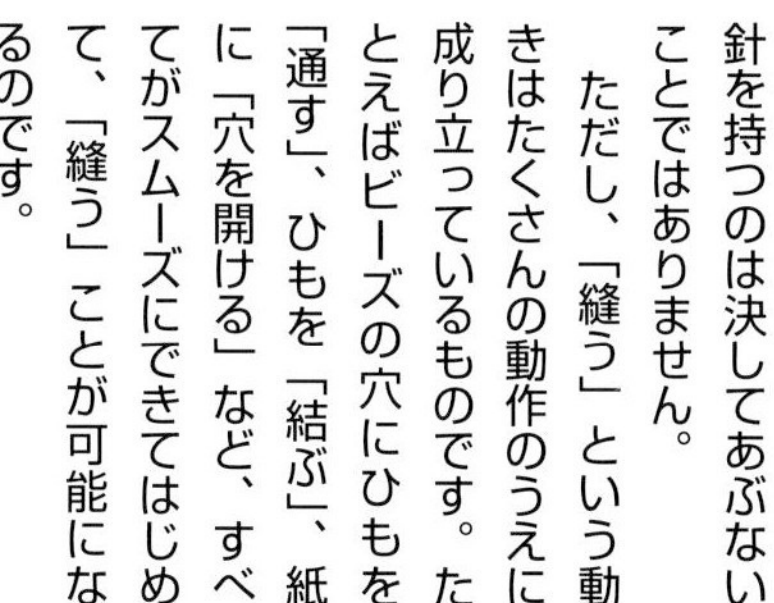

使い方を教え、注意深く縫っていくことを意識させれば、針を持つのは決してあぶないことではありません。

ただし、「縫う」という動きはたくさんの動作のうえに成り立っているものです。たとえばビーズの穴にひもを「通す」、ひもを「結ぶ」、紙に「穴を開ける」など、すべてがスムーズにできてはじめて、「縫う」ことが可能になるのです。

さまざまな動きを確実に自分のものにしてから、縫いものに挑戦してみましょう。

園では毎年、年長さんが熱心にクロスステッチをしています。子どものほうから「やってみたい！」と言いだしたのですが、じつにみごとなできばえ。子どもたちのなかに、積極性や創造性が高まっていることを実感します。

「縫う」準備

●用意するもの

針（ししゅう用とじ針）

毛糸（中細）

図案が描かれた画用紙

穴開け用針（牛乳のキャップ抜きなど）

穴開け用下敷き

はさみ　道具入れ

〈図案〉

画用紙に線や模様を描き、1・5～1㎝間隔に点を打っておきます。

点の数は必ず偶数個にしますが、これは、糸の縫いはじめと縫いおわりが裏側になるようにするためです。

〈穴開け〉

下敷きを敷いて、図案の描かれた画用紙をのせます。点の位置に集中しながら、端から順番に穴を開けていきます。

Step 1 一度縫い（3歳〜）

はじめに、針を通す部分に穴を開けますが、図案の線と点が交わる箇所に、正確に穴を開けるよう、意識を集中させます。

左手で図案を持ち、裏側の端の穴から針を通します。表に返して針を引き、次の穴に通したら裏返して針を引く、という動きを最後の穴まで繰り返します。

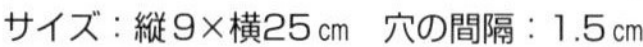

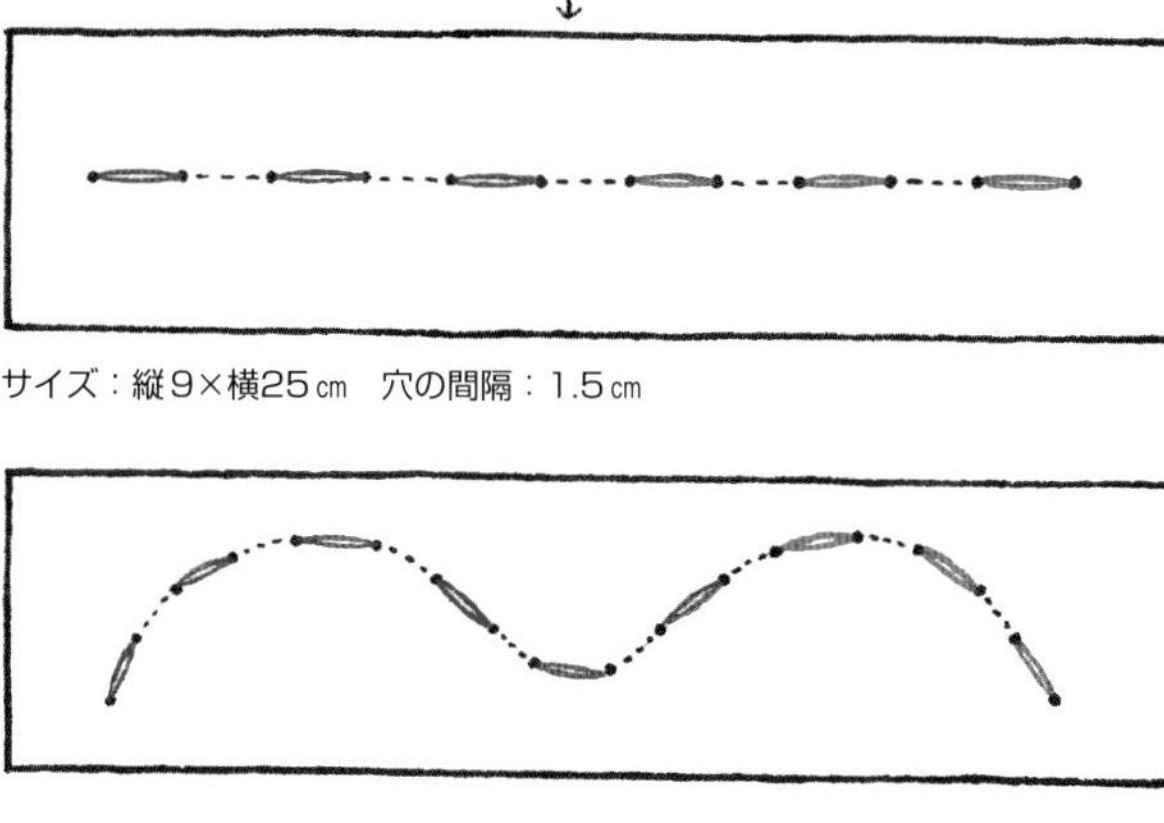

サイズ：縦9×横25㎝　穴の間隔：1.5㎝

糸の通し方と結び方（3歳〜）

◆針に毛糸を通す

利き手の親指と人さし指の間に毛糸を5㎜ほど出して持ち、反対側の指には針を持ちます。針の穴をしっかり見て毛糸を通したら、糸をのばして2本取りに。そのあと毛糸を適当な長さにカットし、2本の先をそろえて合わせ、玉結びにします。

◆縫いおわりの毛糸の処理

最後の針を穴の裏側に通したら、毛糸を10㎝ほど残して切ります。針をまず針箱に戻し、2本の毛糸を左右に分けて、結びます。

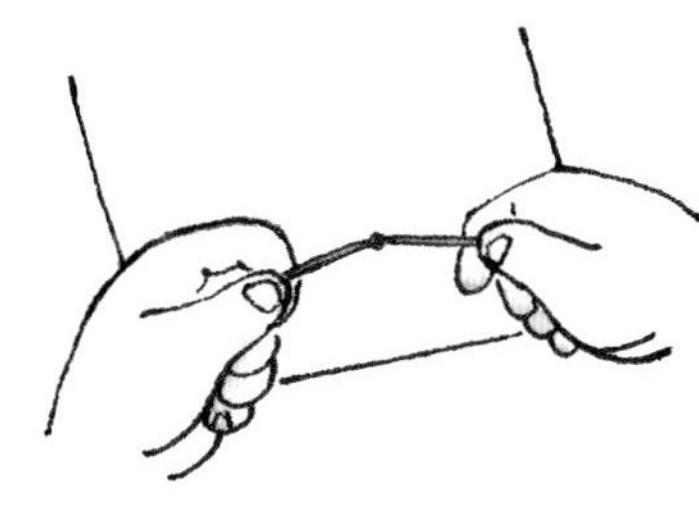

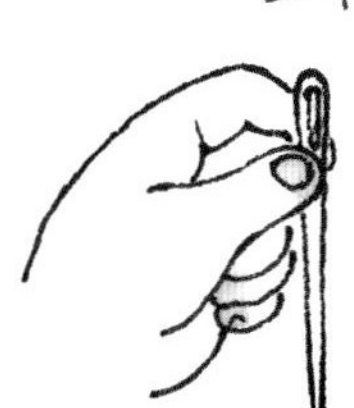

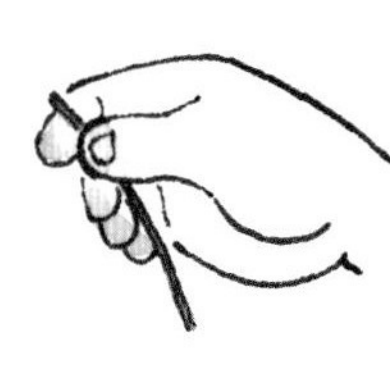

●一度縫い　模様（3歳〜）

図案に合わせて毛糸の色を選び、楽しいできあがりにしましょう。

なお、図案には、魚の目などワンポイントを添えてもいいのですが、本来の「縫う」活動から興味がそれないよう、最小限にとどめます。

サイズ：縦12×横15cm
穴の間隔：1・5cm

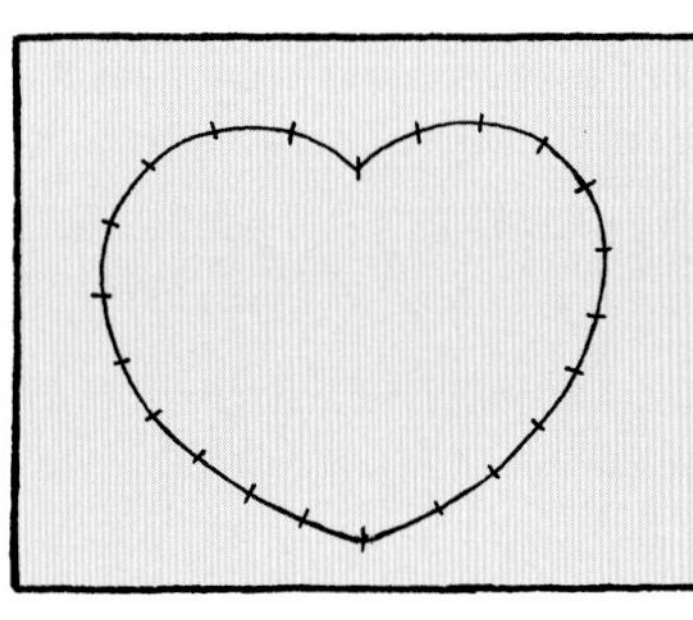

Step 2 二度縫い（3歳〜）

一度縫いができれば、二度縫いも原理は同じです。

二度縫いは縫い線が一本につながり、図案の形がはっきりします。毛糸の色を変えると違いが際立ち、縫うことへの興味がさらに高まります。

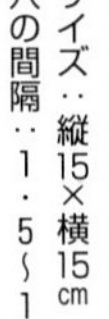

サイズ：縦15×横15cm
穴の間隔：1・5〜1cm

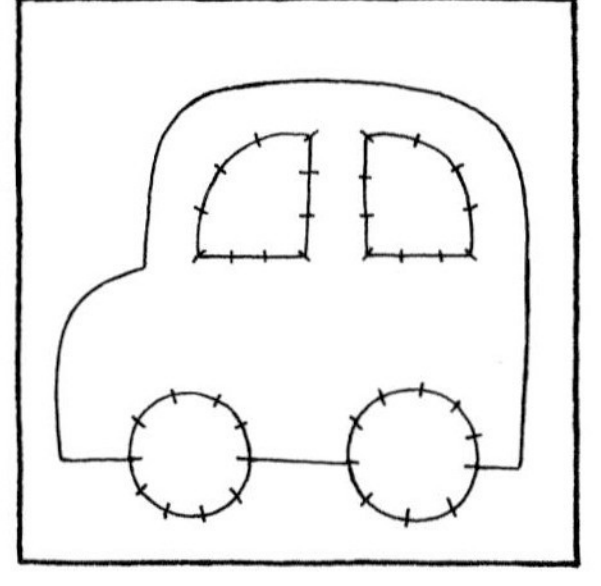

Step 3 クロスステッチ（5、6歳〜）

「縫う」の最初の興味は、小さな穴に針を通していくおもしろさからはじまります。縫った跡が形になることを体験すると、子どもは縫う活動が楽しくなり、さらに興味がふくらんでいきます。

クロスステッチの手法を覚えると、「縫う」動きが「創造」する動きに確実に発展します。最初は列のクロスからはじめ、子どもがななめの線を縫えるようになったら、図案に挑戦。毛糸の色は数種類そろえてあげましょう。

● わかりやすいクロスの作り方

当園では、下図のように一つずつ×印を作っていくやり方をとっています。裏がコの字形の連続になるので、裏側からも次の針の出し方がわかる仕組みです。一つずつクロスを完成させていくだけで複雑な図案も縫えるようになります。

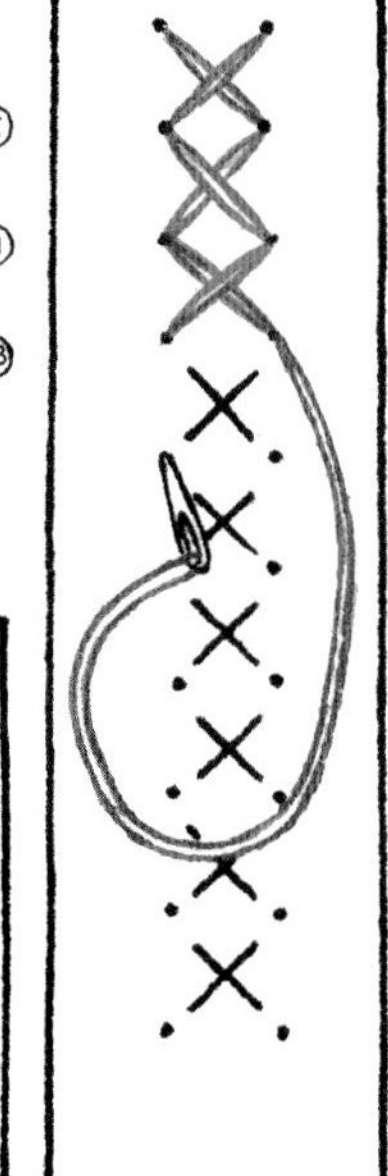

※クロスのサイズ　一辺の長さ：1.5〜0.8cm

12がつ17にち
せいかつはっぴょうかいをします。
どうぞみにきてください。

園児の作品

毎年12月に行われる園の「生活発表会」への招待状。クマさんカードは二度縫いによる作品（4歳児）。クリスマスツリーが美しくししゅうされたカードはクロスステッチ作品（5歳児）。

視覚・触覚・聴覚・嗅覚・味覚
五感を洗練させる遊具

保護者会などで、「感性の豊かな子に育ってほしい」「感動する心をもてる子どもに」という言葉をよく聞きます。親なら誰もが願うことです。でも、その感性はいつ、どのようにして磨かれていくのでしょうか。

3歳から6歳ごろの子どもは、世のなかのあらゆる現象を日々、感動しながら発見したり楽しんだりしています。遠ざかっていくお父さんを見て「パパ、小さくなったね」とか、ひんやりした砂の中に手を入れて「冷蔵庫、見つけた!」と言ったり……。子どもの言葉に、豊かな発想力が息づいていることに驚かされた人は多いはずです。

そんなときはぜひ、子どもの視点に立ち、子どもの言葉に耳を傾け、子どもといっしょに感動してあげてほしいのです。「一度見たら、一度言ったら、もうわかったでしょ」などと言わずに、子どもが心ゆくまでその感覚を味わうのを見守ってあげてください。

子どもの心のなかでは、何度も体験することで、微妙な差異や段階を感じとるセンスが洗練され、豊かな感性が育ちつつあるのです。

●感覚をとぎ澄ませて判断力アップ

3歳ごろまでの子どもは、身の回りにあるあらゆるものを好き嫌いの区別なく、乾いたスポンジのように吸収していきます。それが3歳を過ぎると、それまでにためこんだ膨大な印象を再構築する時期に入っていきます。

子どもを見ているとよくわかりますが、3歳ごろから子どもは、ものの特徴に従って区別することをはじめます。

〈視覚〉色や形を合わせる、比較する

〈聴覚〉微妙な音の差を感じとる

〈触覚〉さまざま感触や素材の抵抗度の違いを感じとる

〈嗅覚〉さまざまなにおいをかぎ分ける

〈味覚〉さまざまな味の違いを感じとる

この五感をフルに使って外界のものを区別し、わずかな違いや差を判断して、自分の内部にある混沌とした印象を整理整とんしていくのです。子どもの精神面に秩序が生まれ、さまざまな状況に自分の力で対応していくことができるようになります。

そのためにも、人生でもっとも感覚が敏感になる3歳から6歳の時期に、五感の一つひとつを洗練させてあげてほしいのです。

基本は一度に一つのことだけ。音なら音、においならにおいというように一つの要素に限定し、集中しやすい環境をつくってください。そして、それぞれの感覚から受ける印象を、同じものをペアにする、順番に並べるといったように、正確に表現できるような方法を取り入れましょう。

感覚がとぎ澄まされると同時に、感覚器官を通して脳が刺激され、脳が判断することで体が動くという一連のネットワークが完成していきます。

考えて行動するという人間の基礎は、この時期に完成されるのです。

感性と知性は表裏一体

4歳くらいになると、子どもはいろいろな物事を感覚的にとらえていけるようになります。単純な動きや一つの要素だけでは物足りなくなり、さまざまな要素が入り交じった環境のなかで、生活体験を通して学べるようになります。

感覚遊具に十分なじんだら、次は家や庭や外の環境を使って、いろいろな活動を考案してみては？　子どもの世界がグンと広がっていきます。

また、見る、聴く、触れるなどの体験は、「なぜ？」という問いを生み出し、人間の知性の働きを揺さぶります。知りたいという欲求が物事を分析したり比較したりすることにつながり、合っているかどうかを確認したのち、その知識が子どもの身につきます。

知性を働かせ、考えられる人間になるために、感性を磨くことはとても大切なのです。

視覚

分ける

トレイ左部分は、板を動かしやすいように上げ底に。なお、写真の色板はゲームの部品、トレイはカトラリー用品を利用（トレイ：14×21㎝）。

●おもな材料
仕切りのあるトレイや箱
厚みのある色板（ペンキを塗る）
上げ底用の厚紙
白い厚紙
色紙（3色）
ブックカバーフィルム
シール（3種）

カラーボード（2歳半～）

指一本で板がスーッとすべるように動く感触が人気の、色分け活動です。なお、色板は、色別に美しく並べられた完成状態で保管すること。子どもの目に、正しい状態をつねに印象づけておきます。

●作り方ヒント

色板を分けていく部分の底に3色の色紙を貼り、すべりやすいようにブックカバーフィルムを重ねて貼ります。

●動きの見せ方アドバイス

色板を一つずつ、右の仕切りに出します。全部出しおわったら紙の色に合わせて元に戻していきますが、まず板と同じ色のシールの上に置き、それから指で左にすべらせます。

つぶつぶビーズ移し（3歳半〜）

●材料
仕切りのある入れ物（写真は絵画用パレット）
ボタンビーズ（直径0.5×高さ0.5㎝）
※ビーズを入れる器　遊具をのせるトレイ

小さなボタンビーズを指先でつまみ、色を確かめながら分類・集合させていきます。

パレットの枠ごとに、色別にボタンビーズが入っている状態からはじめます。色がきれいに分類されている状態を、子どもがつねに見ておけるようにしてあげてください。

●材料ヒント

少しやさしくする場合は、枠の数を減らしたり、色違いの大きめのボタンなどを利用します。ただし、形や大きさは同じものを用意すること。色を分けていくことが目的なので、ほかの要素が交ざると集中しにくくなります。

●動きの見せ方アドバイス

ビーズを一つずつつまみ、右の器に移します。全部移しおわったら、今度は逆に、色を分けながらそれぞれの枠に戻していきます。

分ける バリエーション
いろいろお豆移し（3歳〜）

7種類の豆を分けていきますが、やり方は上のビーズ移しと同じです。色だけでなく形もサイズも違うので、違いがわかりやすいでしょう。はじめは指、はしが持てれば、はし移しにも挑戦！

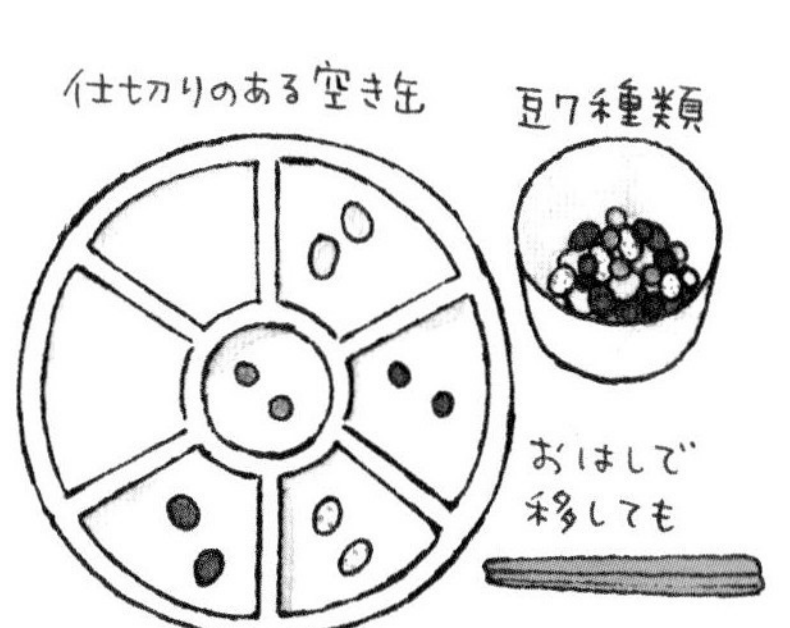

視覚

対にする

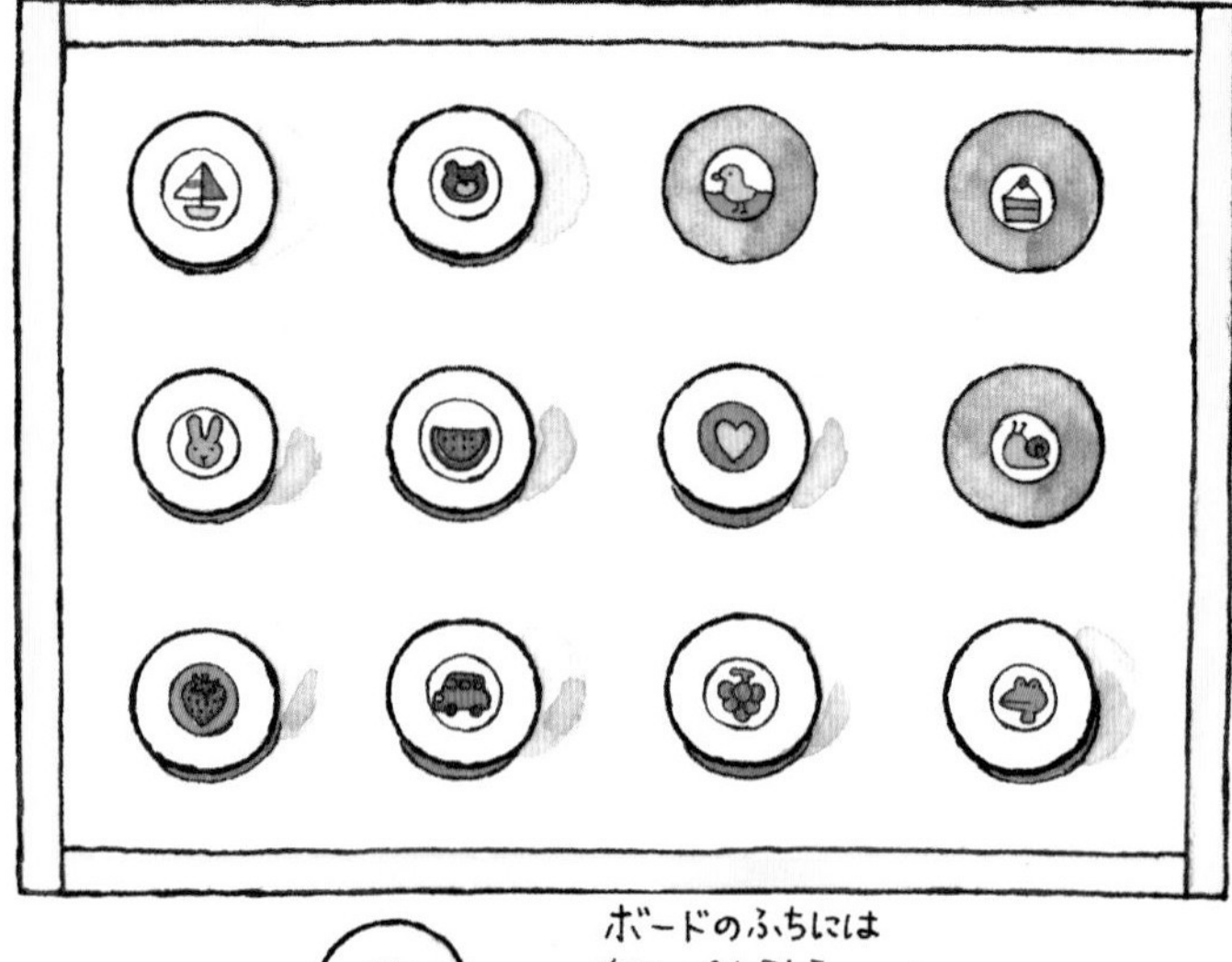
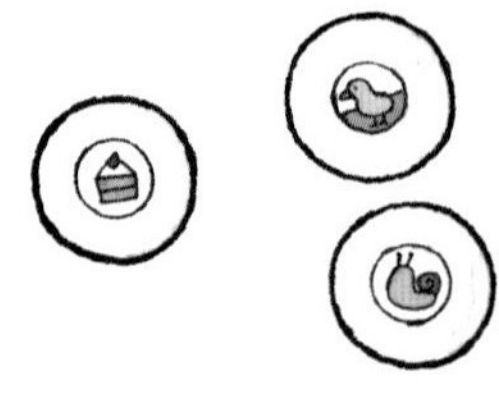

●おもな材料
磁石用のボード
布テープ
カッティングシート（銀色）
ボタン型磁石（直径3㎝）
シール（合印用）
フック（壁固定用）
※磁石を入れる器

ボードのサイズ：縦20×横28㎝

ピタッと磁石（1歳半〜）

磁石がくっつく瞬間の、吸い寄せられるような感触やピタッという音がわくわくする絵合わせ活動です。

●作り方ヒント

磁石用ボードは、子どもの目の高さに合わせて、壁にしっかり固定します。

●動きの見せ方アドバイス

磁石とカッティングシートに貼られたシールの絵柄の確認をしながら、同じものを探すのがポイントです。

早く正しくを競うのではなく、じっくり絵柄を見比べる力を養います。やり方を見せるとき、最初は違う絵柄のシールに磁石を近づけ、子どもが気づくタイミングを待ってから正しいシールの位置に持っていきます。

双子のカード（3、4歳～）

●おもな材料
カード（厚紙、色紙や布、ブックカバーフィルム）
※カード入れ（空き箱など）カードを広げるマット

7.5×7.5㎝

最初はカードの色や柄を見ながら対に、慣れてきたらカードを裏返して、トランプのゲーム「神経衰弱」のようにしても楽しめます。

●材料ヒント

色や模様の柄で難易度を変えられますので、違うパターンのカードも作っておくと、子どもの興味や発達段階に合わせられます。カードの枚数は10組くらいからが適当です。

●動きの見せ方アドバイス

まず、全カードをマットの上にばらばらに広げます。無作為に選んだ1枚を左上に置き、それと同じカードを探して右横に並べていきます。

対にする バリエーション

カラフルアイス（1歳半～）

製氷ケースの底に赤、黄、青など、きれいな色のシールを貼り、同じ色のモールボールを入れていきます。3色そろうものであればボタンやビー玉など、何を入れてもかまいません。子どもが飽きずに、繰り返し活動できます。

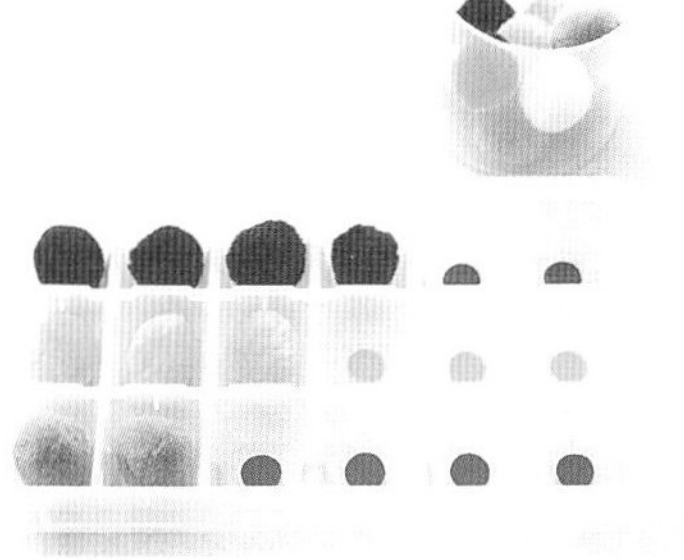

視覚

見本に合わせる

●モザイク板の作り方
①厚紙を右のように切り抜いて数枚重ね合わせ、枠を作って布を貼る。
②同じサイズの厚紙にブックカバーフィルムを貼り、さらに①を重ねて貼り合わせる。

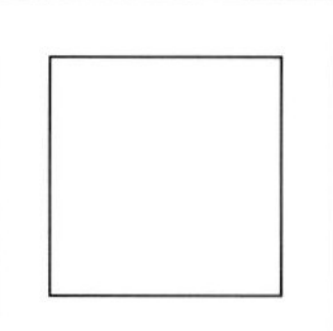

外枠：9×9㎝

ミニタイルのモザイク（3歳〜）

●おもな材料
いろいろな色のミニタイル（1×1㎝）
モザイク板（厚紙、白い布など）
色の見本表（厚紙）
ブックカバーフィルム
※タイル入れ（空き箱など）道具をのせるトレイ

見本表と同じ色の配置になるよう、色タイルを選んでモザイクを仕上げていくことが美的感覚を養い、のちの知的活動につながっていきます。

●作り方ヒント
見本表の色は赤、青、緑、黄色など、明るく美しい色のなかから相性のよい色を選び、色鉛筆などで塗ります。なお、見本表はいろいろなパターンを作っておくと、何度も繰り返し活動できます。

●動きの見せ方アドバイス
見本表の端から順番に、一つずつ同じ色のタイルを選んで、モザイク板にきれいに並べていきます。

チャレンジマグネット（3歳〜）

使わない色のマグネットはケースのふたを閉めておくとわかりやすい。

●材料　15×15㎝
磁石用のボード　木枠　マグネット
色の見本表（厚紙）ブックカバーフィルム　シール
※マグネット用ケース　道具をのせるトレイ

ミニタイルのモザイクのバリエーションです。

マグネットが磁石用ボードに吸いつくように固定される感触が、興味点となります。

●作り方ヒント

磁石用ボードにマジックで線を引き、ブックカバーフィルムを貼って木枠をはめます。見本表は色を2色から5色まで徐々に増やし、パターンも変えるとバリエーションの幅が広がります。

なお、マグネット用ケースは色の数だけ用意します。ふたに同じ色のシールを貼っておくと、子どもが色別に分類・収納しやすくなります。

●動きの見せ方アドバイス

最初は2色の見本表からスタート。だんだんに色数を増やし、難易度を増していきます。

ステップアップ　見本に合わせる
アートマグネット（3歳半〜）

マグネット板を三角形や長方形などにカット。見本を作り、磁石用ボードに同じように形作らせます。

無数の組み合わせが可能なので、レベルアップしながら何度も繰り返し楽しめます。

触覚

感じる
対にする

合いアイシャドー（2歳〜）

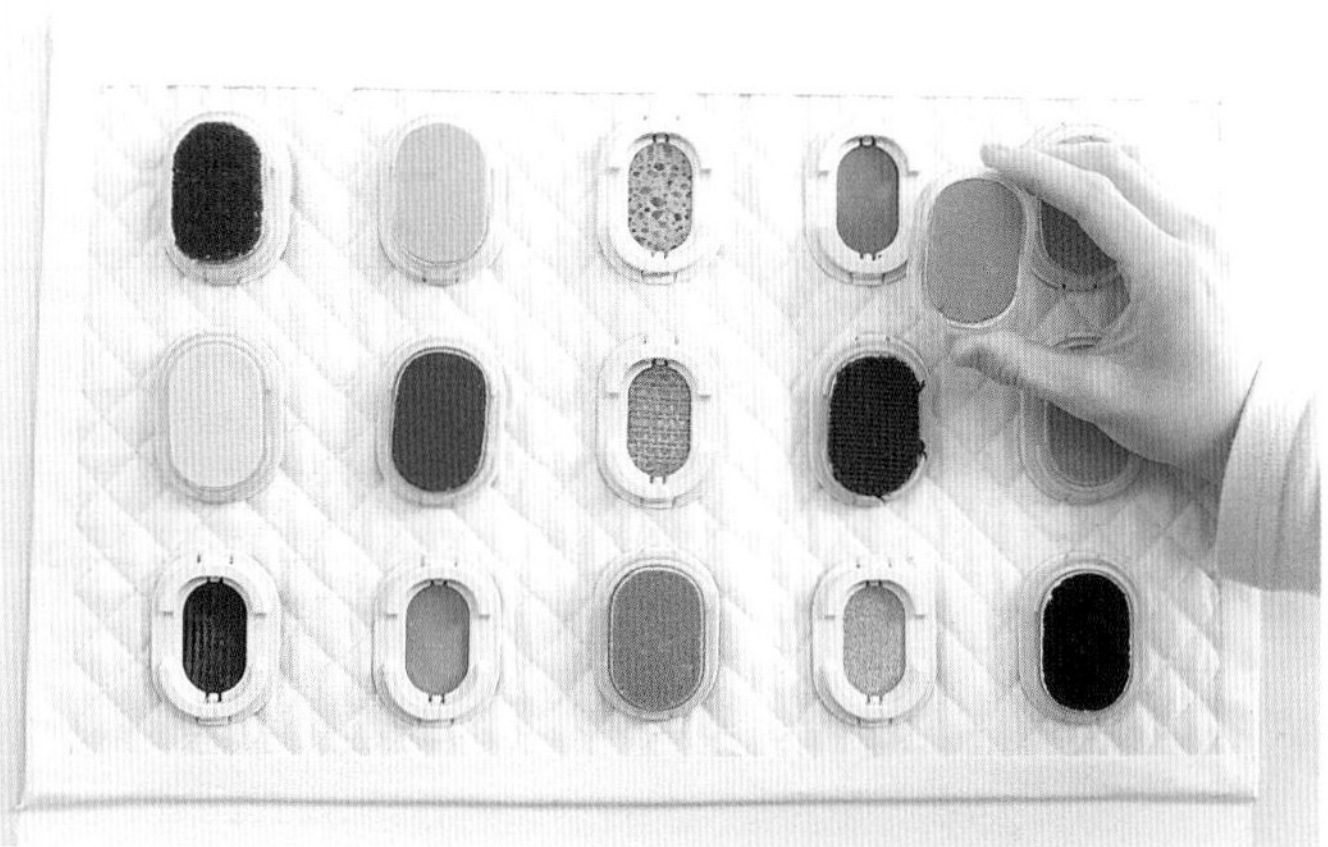

●おもな材料
目の粗さの違うサンドペーパー、
スポンジ、皮、
質感の違う布や紙など
アイシャドーの空ケース
厚手の布
ベニヤ板
くぎや布テープ（壁固定用）
※アイシャドーケースのふたを入れるかご

ボードのサイズ：縦26×横44㎝

さまざまな感触の素材に触り、微妙な違いを指先に感じとって楽しむのが目的。ふたをパカンとはめて対にしていくのもおもしろい点です。

●**作り方ヒント**

本体とふたの両方に同じ素材を貼ったものを、15組ほど作ります。

素材を指でなでやすいよう、ふたの表面積が大きく容器の底も浅いアイシャドーの空ケースを利用しました。

ケース本体を厚手の布に縫いつけ、布の裏側にはベニヤ板を合わせて、ところどころくぎを打って壁に固定します。子どもの目線の高さに取りつけます。

●**動きの見せ方アドバイス**

ふたを一つ持ち、反対側の手で表面をなでます。指先で触り心地を楽しんだら、ケース本体のどれが同じ感触か、一つひとつ確かめながら探していきます。

同じものが見つかったら、ふたをはめます。

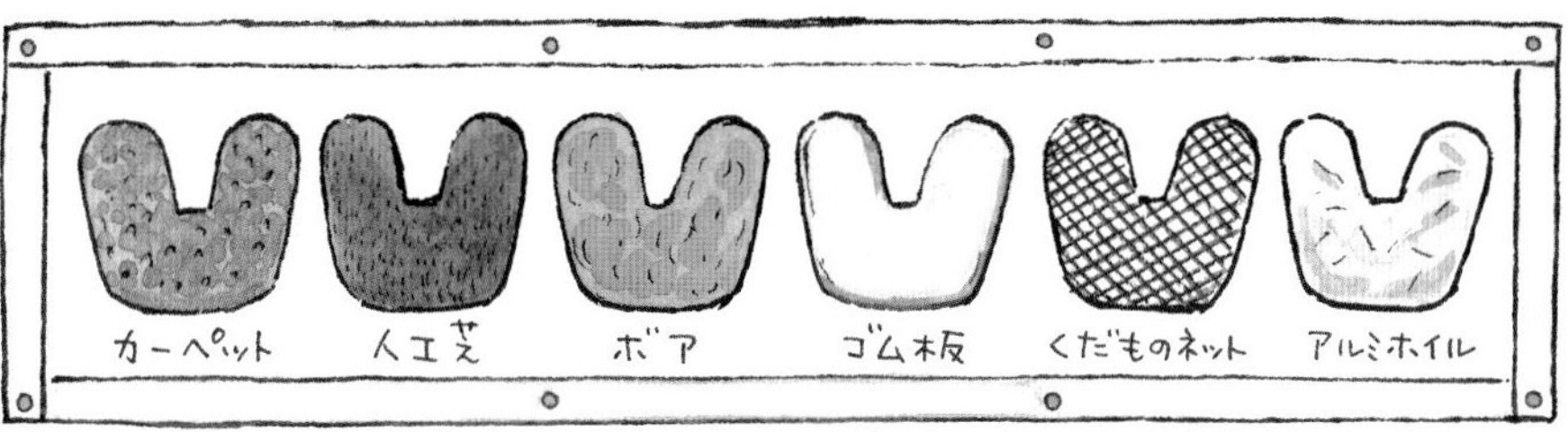

●おもな材料
質感の違ういろいろな素材
台紙　厚紙
布テープ
両面テープ
押しピン（壁固定用）

ウサギの顔サイズ：
幅14×長さ14㎝

なでなでウサギ（1歳半～）

子どもはウサギが大好き。「ウサギさん、なでなで」をして、それぞれのウサギの感触を楽しんでいきます。「ふわふわ」「ザラザラ」「柔らかい」などの言葉の意味も、自分で触った皮膚感覚を通してしぜんに覚えていきます。

●作り方ヒント

子どもが触ってみたいと思う魅力的な形と、両手で触れる大きさが必要です。素材も、違いがはっきりわかるものを選びます。

子どもが触りやすい高さに設置してあげましょう。

●動きの見せ方アドバイス

両手でウサギの両耳を上下になでながら、ふわふわ、冷たいなどと言ってみせます。

対にする　ステップアップ
手探り箱（3歳～）

手探りで、同じものを取り出す遊びです。二人でするときは、一人が出したものと同じものをもう一人が探り出します。「コマ」などと名称を言い、二人同時にコマを出すやり方も楽しめます。

中に入れるものは
5種類ほど。
2個ずつ用意

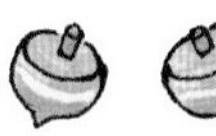

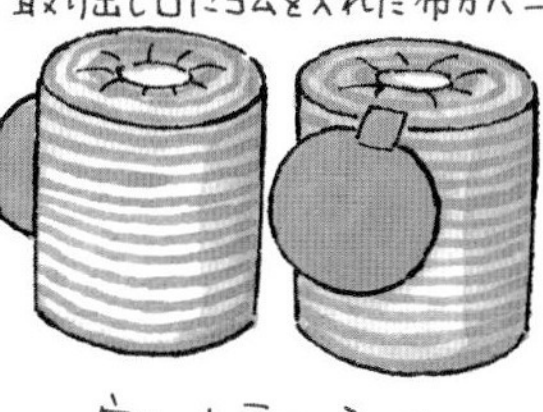

聴覚

最初は2、3組からスタート。

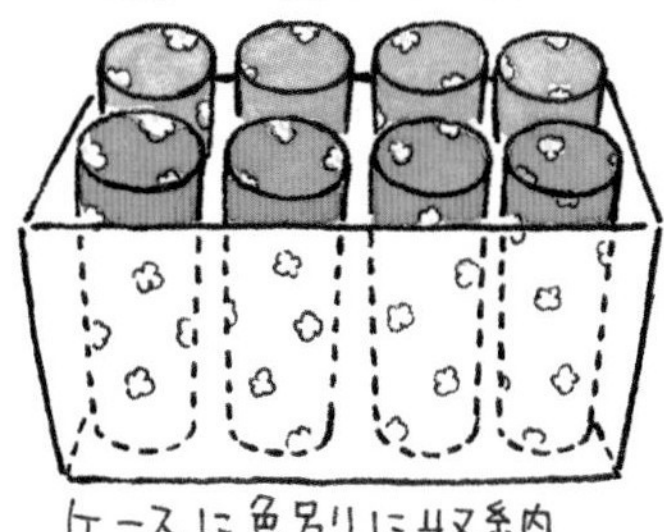

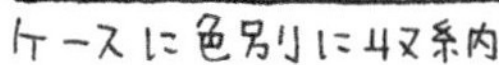

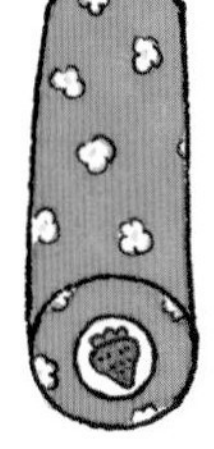

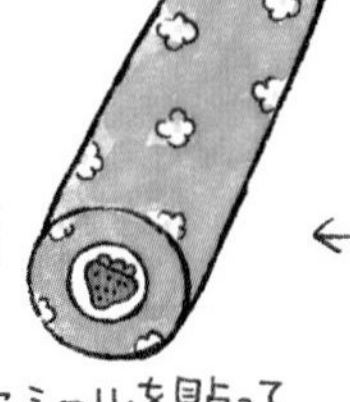

筒の底にシールを貼って合印に

ミニマットを敷き、その上で活動します。

●おもな材料
小さい筒
布
音の異なるいろいろな素材
シール（合印用）
※筒を入れるケース

直径3×長さ10㎝

音の鳴る筒（3歳〜）

色違いのおそろいの筒を数組作り、中に入っているものの音を聴き分けます。

●作り方ヒント

握り持ちできるサイズの筒に、色違いの布を貼ります。

最初は米や砂、貝殻など、音の違いがはっきりわかる素材を入れます。音がよく聴こえるよう、量の調整もしてください。

●動きの見せ方アドバイス

ケースから筒を1本取り出して耳元で振り、その音を覚えておきます。色違いの筒を同様に振り、同じ音の筒が見つかったら、両耳の横で同時に振り、音を再確認。マットの上に対に並べていきます。

最後に、筒の底を見てシールが同じかどうか確認を。

暮らしのなかの音に、耳を澄ませてみましょう。

子どもは、おとなが聞き漏らしてしまうような微細な音にも敏感に反応します。音に意識を向け、音の響きに耳を傾ける機会をつくり、音の世界を豊かに広げてあげましょう。身近にある音が、そのまま遊具になります。

紙

新聞紙、広告の紙、紙袋、ティッシュペーパー、厚紙、薄い紙、段ボールなど

⇩クシュクシュ、ペラペラ、パラリ、パラパラ、ガサガサ、ツルツル……

◆

材質の違う紙を数種類用意して、それぞれの音を注意深く聴きます。今度は目隠しをして音だけを聴き、何の紙かを当てます。また、実際にはどんなふうに聴こえたのか、表現してみるのもおもしろいでしょう。

家や家具

壁、床、畳、ドア、机、いす、タイルなど

⇩コンコン、トントン、ドンドン、ガンガン、バンバン…

◆

壁をたたくとコンコン、床をたたいてもコンコン、テーブルはトントン？　文字にするとどれも大差はありませんが、実際の音は千差万別です。

最初にそれぞれの音を聴いておき、次は目をつむって音当てクイズ。音色の違いはどうですか？

自然

風、雨、川、木など

⇩ピュウピュウ、ポトポト、ザーザー、サワサワ……

◆

自然現象にもさまざまな音があります。

たとえば、こぬか雨やこずえの葉ずれの音、小川が流れる音などを聴きとってみましょう。自然の音に意識を向けることから、自然のリズムを感じとる豊かな感性が育っていきます。子どもが自分で発見していける雰囲気づくりを心がけてください。

音に敏感！ 姿が見える前にお迎えを予言？

ブロック遊びをしたり絵本を読みながら、お迎えを待っているBちゃん。お母さんの姿が見える前に、「あ、来た！」と言って、いつもお片づけをはじめます。

そして、片づけおわったころには、ちゃんとお母さんが迎えにくるのです。

ふしぎに思って、ある日、Bちゃんに聞いてみました。

「だって、お母さんの車の音したもん!!」

なんと、車のエンジン音を聴きとっていたようです。

たくさんの車が行き交うなかで、ほんの少しの音の違いを的確に聴き分けられるBちゃん。ほんとうに驚かされました。

嗅覚

感じる
対にする

●おもな材料
スパイスのびん10本
フィルムケース10本
においのもと5種
（ハーブ＆スパイスなど）
ティッシュペーパー　シール（合印用）
※びんを入れるケース

においびん（4歳〜）

※名前当てはしません。

ふたの色が違うびんを5個ずつ用意し、同じにおいがするものを当てます。

●作り方ヒント

ティッシュペーパーやフィルムケースを利用し、においのもとが見えないよう工夫します。カレー粉などは鼻の粘膜を刺激しすぎないよう、量を少なめに。

●動きの見せ方アドバイス

先に鼻をかんでおきます。びんを1本取り、ふたを開けてにおいをかぎ、そのにおいを覚えます。別の色のびんを同様にして試し、同じにおいをみつけたら2本を対に置いていきます。全部終わったらびんの底を見て、シールが同じかどうか、確かめます。

家のにおいや自然のにおい、どんな感じかな？

家族や友だちの洋服をにおいで当ててしまうほど、子どもの嗅覚には鋭いものがあります。この時期、さまざまなにおいに親しむ活動をしてみませんか。家や公園などにある〝におい〟を探検！

家

玄関、台所、居間、寝室、浴室、押し入れなど

どの家にも特有のにおいがあり、部屋によってもそのにおいは違います。子どもに目をつむらせて抱っこし、いろいろな場所に連れていってみましょう。

「ここはどこ?」「どんな感じのにおいがする?」と聞いて、場所当てを楽しみます。

おとなが思いつかないような、ビックリする表現が返ってくるかも……。

自然

花、草、木、土、雨、日光など

思わずにっこりしてしまう甘い花の香り、干したふとんのお日さまのにおい……。自然のなかには、気持ちがふわっと和らぐような、やさしいにおいがたくさんあります。

散歩の途中、道端の花や野草に顔を近づけ、においをかいでみましょう。土や木にも特有のにおいがあります。

好きなにおい、いい香りの記憶をたくさんもたせてあげたいものです。

食べ物

朝食、昼食、おやつ、夕食など

毎日のご飯どきやおやつタイムにできるゲームです。食卓に並んだ食べ物を、目をつむって当てていきます。台所に漂うにおいで「今日のおかずは何?」と当てっこするのも楽しいですね。

食べ物のにおいに敏感になると、食べることがより楽しくなり、食べることが楽しくなると、何に対しても積極性が育まれていくようです。

におい に敏感！

落ち葉にも花や実のにおいが…

保育園の庭で、落ち葉を集めていたAちゃん。顔のそばまで葉を近づけてから、何やら選んでいるようすです。

「先生、この葉っぱ、いいにおい！　桜もち〜」。Aちゃんがさし出した枯れ葉はたしかに桜の葉でした。においをかいでみると、ほのかな香りがします。

「いいにおいがするね」と言うと、Aちゃんはにっこり。

「あっちにはリンゴのにおいの葉っぱとか、消毒のにおいのする葉っぱ（クスノキ）もあるよ！」と得意気に教えてくれました。

かすかなにおいをかぎ分ける豊かな感性で、新しい発見を楽しんでいるのですね。

味覚

感じる
対にする

グルメゲーム（3、4歳〜）

味覚を洗練させるゲームです。

●作り方ヒント

水溶液を作る調味料などの量は、味がかすかにわかる程度にします。子どもに害のない食材を選びましょう。

●動きの見せ方アドバイス

コップ大を一つ選び、中の水をスポイトで手のひらにたらして味を確かめます。コップ小の水も同様に味見し、同じ味のコップを対にしていきます。一つ味見が終わったら味のついていない水を少し飲んで舌をリセットさせます。

●おもな材料

コップ（大・小）
（調味料いろいろ
水
スポイト
（コップと同数）
水の入ったコップ

甘い味にも、いろいろな「甘い」があります。

子どもは甘い味に敏感。でも、甘いのはお菓子だけではありません。くだものや芋をはじめ、野菜や米にもいろいろな種類の甘さがあります。味覚が育つ時期に、甘さや味の違いを楽しめる舌を育ててあげませんか。

くだものの甘さ

⇩甘酸っぱい ◆

ほどよい酸味があることで甘みがより引きたつのがくだものです。

旬のいちばんおいしい味を、香りや歯触りごとゆっくり楽しみましょう。

季節ごとにめぐってくる旬を、一つひとつ「待って味わう」楽しさや喜びも教えてあげたいですね。

芋や豆、カボチャの甘さ

⇩ほっこり、ねっとり ◆

野菜や芋類には、糖質をたっぷり含むものがたくさんあります。とくにサツマイモやカボチャには、お日さまのにおいを封じこめたような、ほっこりした甘みが詰まっています。

あずきやうずら豆、金時豆などの豆類にも自然の甘みがあり、おやつに最適です。

いずれも、砂糖は使わず少量の塩で調味すると、素材そのものの甘さを楽しめます。

ご飯の甘さ

⇩もっちり、ねっとり ◆

炊いているときから、かすかに甘く、やさしい香りが漂ってくるご飯。お米にはでんぷん質がたくさん含まれていて、これが糖質に変化すると甘い味になるのです。

「よくかんで、甘くなったらゴックンしようね」と言って、ご飯のおだやかな甘さに気づかせてあげてください。かむ習慣もつけられます。

味に敏感！ ひと口飲んで、「違う！」

保育園の給食時、5歳児クラスでのことです。

「今日は何か味が違う……」すまし汁を飲んだK君が言いだしました。Cちゃんも、「ほんと。いつもと違う」とうなずきます。

たしかにそうでした。給食の先生から事前に、今日のだしがいつもと違うことを聞かされていたのですが、子どもたちの、あまりの反応の早さにビックリです。

カレーのときもそうでした。違うルーを使ったら、「いつもと違う」という声が続出。たったひと口で味の違いを言い当てるなんて、子どもたちの味覚の鋭さには感心してしまいます。

知的好奇心がグングンのびる

数と言葉の遊具

ある程度、身の回りのことが自分でできるようになる3歳ごろから、子どもの知性の領域は急速に広がっていきます。

2歳前にはすでに、物の名前に興味津々。小さな子に、次から次へと、「これ、何?」を連発された経験があるでしょう。子どもは知的好奇心に突き動かされて、聞かずにはいられないのです。3歳半くらいになると、今度は文字に興味をもつようになります。

いずれも、話し言葉や書き言葉の敏感期のあかし。きれいな日本語や正しい文字の形を教える、絶好のチャンスです。

また4歳ごろから、数や形容詞など、概念を少しずつ理解できるようになってきます。基本の動きや組み合わせの動きを習得し、感覚も洗練されてくると、それをベースに、数や言葉の領域にステップアップできるようになるのです。

さまざまな文化活動ができるようになるのは、このあと、すぐです。

ただし、どの領域も、前段階の活動が十分にされていないとうまく進めません。あせりは禁物です。ゆっくりじっくり育てるほうが、確実に子どもはのびていきます。

● 数の概念は、目に見える量からスタート

お風呂の中で「1、2、3……」と100まで数えたり、テレビのリモコンを自由に操れるようになると、「うちの子はもう、数字がわかる」とおとなは喜びがちです。

でも、子どもはたんに、数字を音や形で覚えているだけかもしれません。数の概念は、数の、①具体量、②言葉（数詞）、③数字、の三つが一致しなければ、ほんとうに理解したとはいえないのです。

モンテッソーリは、体験を通して物事を覚えていく考え方を重要視しています。この時期の子どもには、数を、目に見える大きさや形や量で実感させてあげるのがいちばんわかりやすい方法なのです。

次ページの「かいだんリング」も、リングがはまる個数に合わせて棒が高くなっていきます。一つずつ増えていくリングの量とカードの数字が、しだいに頭の中で一致していきます。そして棒にはめたり数字の前に並べたりするときに、いっしょに「1、2、3…」と数えてあげてください。

これを繰り返すことで、三つの関係性がしぜんに合致していきます。

●言葉や文字も、視覚とセットで

給食時、「いたーます」としか言えないRくんに向きあい、一音ずつ、はっきり発音してみたことがありました。大きく口を開けて「い」と言うと、Rくんはジーッと口元を見て、「い」と言います。続けて「た」と言うと、「た」と返ってきます。最後に全部つなげて、「い・た・だ・き・ま・す」と言うと、今度はちゃんと言えました。ゆっくり大きく口を開けて動きを見せたのが、わかりやすかったのですね。

子どもに最初に物の名前や発音を教えるときには、まず、口の動きをしっかり見せること。これを基本に、149ページの3段階レッスン法を実践してみましょう。

また、重い・軽い、大きい・小さいなどの形容詞は体験がないと実感できません。実物を見せて比較させたり、手や鼻や耳など、ほかの感覚器官を通して体験させることが大切です。

言葉の意味を理解すると、子どもはうれしくて、何度も同じ言葉を使いたがります。これは、子どもが成長している証拠。笑顔で見守ってあげましょう。

なお、文字の遊具も、148ページのように最初は文字の形合わせから入ります。子どもがすでに知っている野菜などの写真を添えることで、子どもはしぜんと文字と発音の関係性を理解していくことができるのです。

慣れてきたら、リングは
写真のようにバラバラに。

●おもな材料
木の板や箱
木のリング（穴開き棒をカット：直径2×高さ1㎝）
ペンキ（10色）
棒　数字プレート　くぎ
※下に敷くマット

数

数を理解する最初の一歩は、目に見える量を実感することから。

かいだんリング（4歳～）

数の概念を、同じ色が塗られたリングの総量からイメージしていきます。

●作り方ヒント

板にリング数に見合った長さの棒を立てていきますが、裏側からくぎでしっかり留めること。

棒や穴開き棒はホームセンターなどで入手でき、カットサービスもあります。

●動きの見せ方アドバイス

すべてのリングが正しく通された状態からスタート。リングを一つずつはずし、初期は、数字プレートの前にまっすぐ一列に並べます。

まず、いちばん左の棒にある色を見て、同じ色のリングを探し、棒に通します。順次右隣に移り、同じことを繰り返しますが、同じ色のリングを全部通しおわってから、次の棒に移ることが重要です。

なお、写真は、6の棒に五つしかリングをはめず、7に進んでしまったケースです。6の棒の先端が見えているので、6が未完成なのに気づけるようになっています。

数とり捜索ゲーム（4、5歳〜）

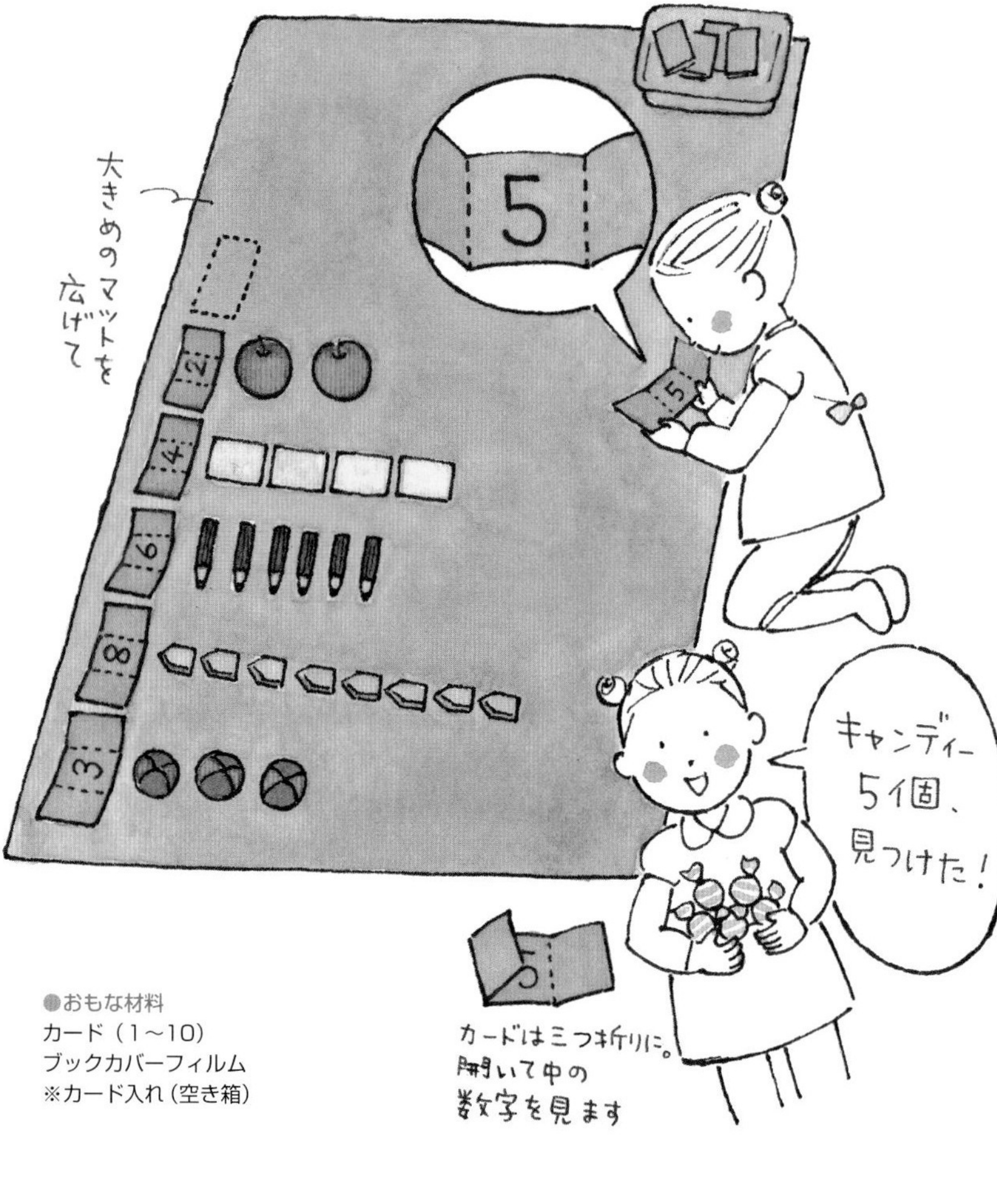

キャンディー5個、見つけた！
大きめのマットを広げて
カードは三つ折りに。開いて中の数字を見ます

●おもな材料
カード（1〜10）
ブックカバーフィルム
※カード入れ（空き箱）

カードの数字を見て、その数だけ同じものを集めてくる活動です。家に何があるのか、探検家気分も味わえます。

数字が読める（わかる）子どもであれば、それに合わせて実物を持ってきて数えているうちに、数の概念を理解していくものです。

●動きの見せ方アドバイス

カードを1枚取り、中を開いて書かれた数字を確認したら、カードをマットの上部に置きます。部屋や台所などから数の分だけ同じものを持ち帰り、カードの前に並べていきますが、そのとき子どもといっしょに「いち、に」と口に出して数えてあげること。

基本の数え方に慣れてきたら1枚、1本、1個など、物に合った数え方をしていきます。ただし、くれぐれもあせらないようにしましょう。

言葉

最初は目に見える形や色から、一つひとつをじっくり認識。

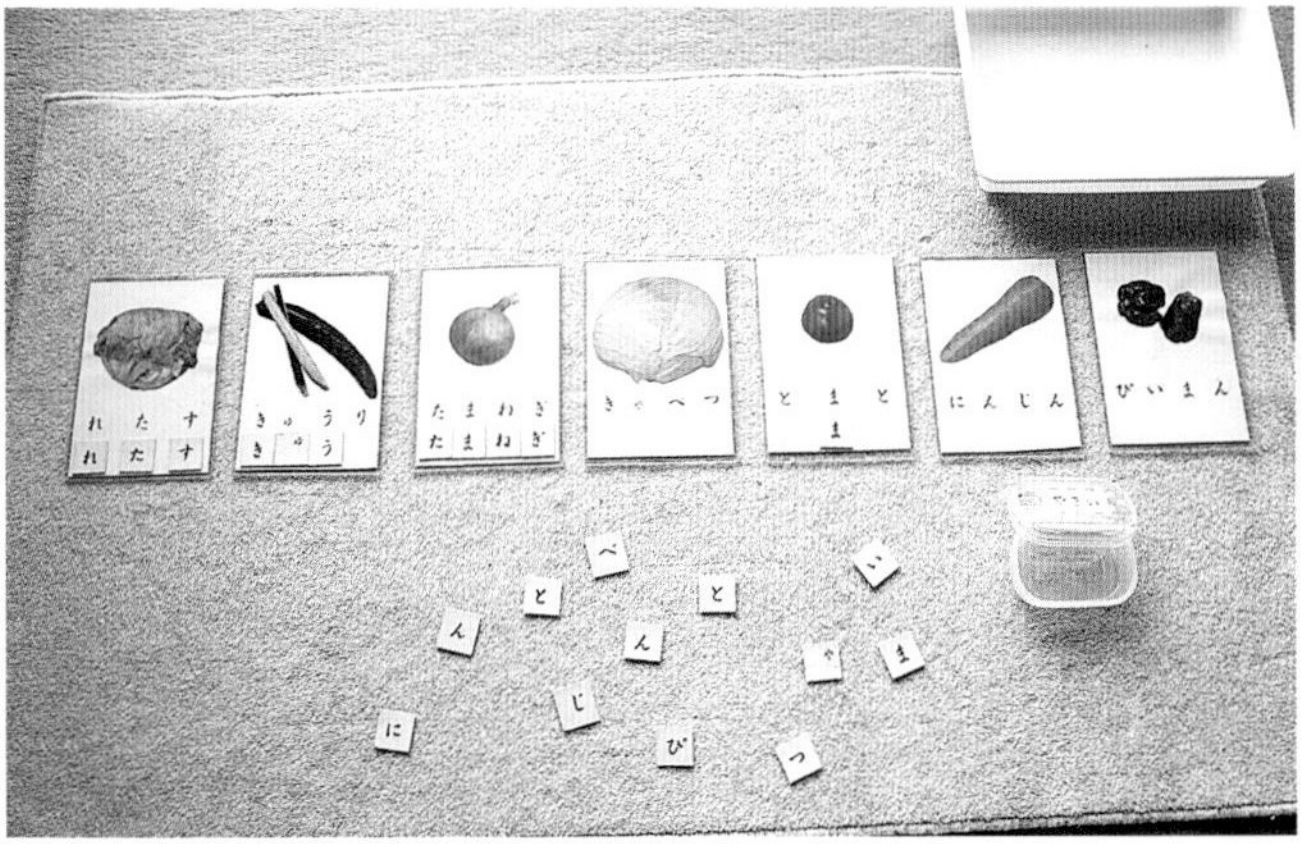

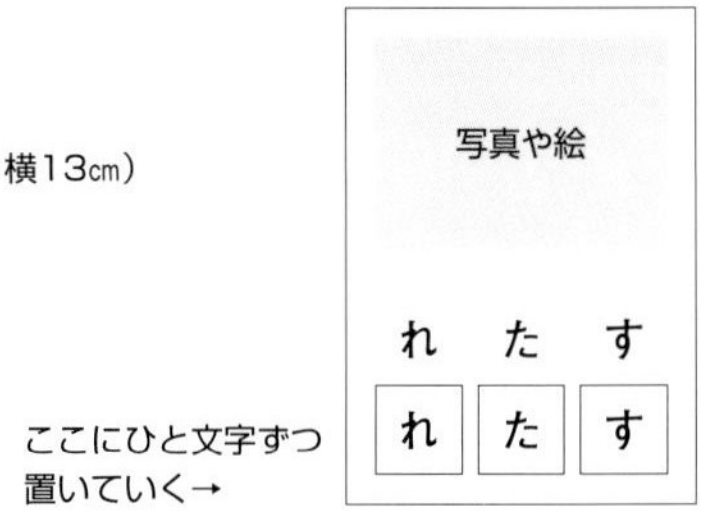

野菜のひらがな合わせ（3歳半〜）

本体カードに書かれた文字と同じ形の文字を探し、下に並べていくゲームです。野菜や動物などの写真をつけて、親しみやすいカードに。

●**作り方ヒント**

文字の形の違いがよくわかるよう、ひらがなカードは大きめに作ります。

カードは両方とも、ブックカバーフィルムでコーティングしておきましょう。

●**動きの見せ方アドバイス**

本体カードをマット上部に並べ、ひらがなカードはその手前にバラバラに置きます。子どもに好きなカードを1枚取らせ、それが「き」なら「これと同じものはどれ?」と聞きながら「き」の形の文字が書かれた本体カードを見つけていきます。最初は、どういう順番でひらがなカードを置いてもOKです。

ひらがなの読み方がわかるようになったら、ステップアップ。今度は野菜の名前を言いながら、ひらがなカードを拾っていきます。

カードはマットの上に広げて。

●おもな材料
本体カード（厚紙、絵や写真：縦20×横13㎝）
ひらがなカード（厚紙：3×3㎝）
ブックカバーフィルム
※カードを入れるケース（大・小）

写真や絵

れ　た　す

れ	た	す

ここにひと文字ずつ置いていく→

●言葉を覚えるときの3段階レッスン

〈物の名称・名詞〉
（2歳ごろ〜）

第1段階ではバナナという名前を伝えます。名称部分をゆっくり、はっきり発音します。第2段階は、名前と物を一致させます。「バナナはどれ？」と聞きますが、子どもはバナナを指さすだけで十分です。

第3段階で名前をたずねます。「バナナ」と答えたら、「そうね、これはバナナ」と繰り返してあげます。

❶ これは「バ・ナ・ナ」

❷ バナナはどれ？

❸ これはなあに？

〈色の名称、形容詞〉
（3歳ごろ〜）

色は物ではありませんが、色カードを使うとシンプルな3段階レッスンができます。また、第2段階の「赤はどれ？」と聞くところを「赤いのはどれ？」と聞くことで、しぜんと形容詞のレッスンにもつながります。

❶ これは赤

❷ 「赤い」のはどれ？

❸ この色は何？

〈形容詞の比較級〉
（4歳ごろ〜）

大きい・小さい、長い・短い……。比較を表す形容詞を覚えていくときは、ほかの条件を同じにすることがポイントです。たとえば、形や色は同じで大きさだけが違うリンゴ、太さや色は同じで長さだけが違う鉛筆など。違いが一つにしぼられることで、子どもの注意が集中します。

●大きい　小さい

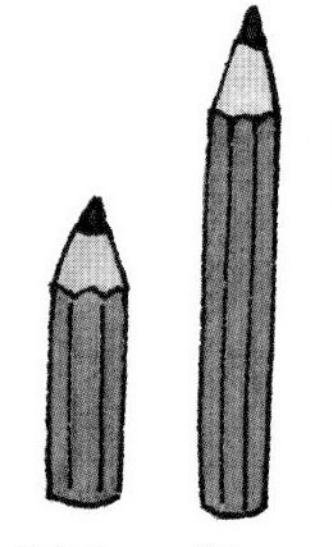

●短い　長い

動き方のポイントや正確さを意識！

知性を働かせるお手伝いのすすめ

日常の環境をうまく利用して、子どもは体や脳の機能を完成させていきます。基本の動きができるようになったら、毎日の自分の世話や家のお手伝いができる機会をたくさんつくってあげましょう。

モンテッソーリの考え方では、家事を分担させることが主目的ではありません。知性や意志を用いて動きを統合させることが大切なのです。子どもの心に家族の一員としての自覚や責任感、張りあいも芽生えてきます。

お運びさん、できるかな？

●運ぶ／バランスをとって歩く

子どもはバランスをとりながら歩いたり、物を持って行ったり来たりすることが大好きです。それらの動きを同時にできるのが、お運びさんです。

「落とすとあぶない」などと言わずに、持ちやすいお盆を用意し、一つずつ、食器を運ばせてあげましょう。両手でお盆の両端のまんなかを持ちますが、このとき親指と4本の指でしっかりはさむように持つのがコツ。お盆を床と平行に保ち、食器の中身がこぼれないよう目で確認しながら、バランスを崩さないように歩くことをうながします。

しなやかな動きや微妙なバランス感覚が養われます。

きれいに配膳してね

●見本に合わせる／置く／並べる

和食なら、ご飯茶碗に汁椀、主菜の皿や副菜の小鉢、漬物用の小皿、はしにはし置きなど、定番の配膳を手伝わせましょう。

最初は、見本のワンセットを作ってあげ、それに合わせることからスタート。慣れてきたら、記憶を頼りに、家族の席に一つずつ、並べてもらいます。

意識させる点は、テーブルに対して皿や器が平行、あるいは直角に整然と並んでいるかどうか。また、食器同士の間隔がほどよくあいているか、はしとはし置きの位置関係は合っているか、などです。対応や並列、等分、隣接など、幾何学的法則を意識する感覚が養われます。

中身をこぼしたり盛りつけを崩したりしないよう、そっと置く気遣いもでてきます。

飲み物係に任命

●あけ移す、注ぐ

液体を移動させることに、子どもは興味津々です。「こぼすから」と禁止するのではなく、子どもの力で持てる量を考え、小さめのピッチャーや小ぶりの容器を用意。ただし、熱いものは避けましょう。

コップの中に、自分が考える分だけの量を注ぐというのは、子どもにとって挑戦しがいのある動きです。手首や腕のさまざまな筋肉を、自分の思いのままに動かしたりストップさせたりする必要があるからです。

コップにあらかじめ、お父さんの飲む位置、お母さんの飲む位置、お姉ちゃんの飲む位置などをマーキングしておいてもいいですね。線を意識することによって、体と心のコントロールができるようになります。

テーブルふき 台ふきん洗い

●押してすべらせる／ねじる

布をこすり合わせたりねじってしぼるふきん洗いや、力を入れ、布を押してすべらせるテーブルふきなど、手首と腕を大きく動かす動作は、とても大切なものです。

手を横に動かすことは、のちに「書く」ための準備にもなります。また、布をしぼることで、しずくをはね散らかさないようにする注意力が養われます。

洗った食器の片づけ

食器を洗ってふきんでふいたらテーブルの上に置き、棚にしまう前の整理整とんをまかせてみましょう。

同じ大きさや形の皿を重ねる、椀をまとめる、はしやスプーンなどを一か所に集めるなど、分類や集合の練習になります。

また、椀などは重ねすぎると崩れてくるので、量の加減を覚えることもできます。陶磁器は乱暴に置くと欠けたりすることから、ていねいに扱わなくてはならないことにも気づくでしょう。棚にしまうときも、見やすい収納や取り出しやすい配置など、自分で段取りを考えられるようになるいいチャンスです。

その他のお手伝い

6歳くらいまでは、動きながら自分の体と心をつくりあげていきます。その体験の場が日常生活です。

ごみを捨てる、ほうきで庭をはく、床をふく、花に水をやる、野菜の皮むきをする、洗濯物を干す、洗濯物を取り入れる、服をたたむ……。小さな子どもでも十分にできることばかりです。そのとき意識させたいのが、洗濯物を干す場合なら端と端を持ってシワをのばす、たたむときなら左右対称に折りこむなど、知性を働かせながら動きを正確にすることです。

子ども自身、もともと、目的のある秩序のある動きをしたがっています。お手伝いの内容を口で教えるのではなく、動作をゆっくり正確に見せてあげてください。

おわりに

相良敦子

「くすのき保育園」の池田政純園長・池田則子主任といっしょに、『子どもは動きながら学ぶ』を出版したのは1990年のことです。その4年後の1994年には、園の先生方による手作り教材とイラスト説明を入れた『お母さんの「敏感期」』を、私の名前で出版いたしました。

くすのき保育園の地道な実践を材料にして私の本を出すなんて、まるで「人のふんどしで相撲を取る」ということわざそのものだと、この2冊の本の出版にいささかの心のやましさを感じていました。ですから今回、園の教材や実践が、池田夫妻の名で本になることを心から応援してきました。

本書の5章と6章で紹介しているものは、すべて、くすのき保育園で実践を続けてきた先生方の手作りによる作品です。執筆者名は池田政純・池田則子ですが、このお二人のリードのもと、先生方全員が日々、愛をこめて観察し、手作りし、さらに手直しする努力を長年積み重ねてきた日常の地道な努力の結晶が、本になって多くの人の目に触れることになったのです。

前掲の『子どもは動きながら学ぶ』が出版されたあと、私は日本のあちこちの保育園で、本で紹介された教材が手作りされたり、時には売り物になっているのを見かけました。あの教材も、くすのき保育園で日々、誠実に子どもに向きあう先生たちが、目の前の子どもがぶつかっている困難をよーく見て、その子が自分の力でその困難を乗り越えるためにはどんな教材を準備してやればよいか、どんな手のさしのべ方をすればよいかを真剣に考えるうちに、自分の身近にあるものを使って創り出したものだったのです。それが、同じような問題で悩んだり探したりしていた保育者への意味ある示唆になったのでしょう。

一つの保育園での実践から生み出されたとはいえ、それらの教材がこんなにも多くの人に受け入れられるのはなぜでしょうか。

それは、モンテッソーリ教育法が生理学的教育学の系譜で生まれ、人間のなかにある「生命の法則」に基づいて編み出されたものだからです。生命の法則に基づいた教材だからこそ、モンテッソーリ教育法を知らない人でも、子どもの生命が活気づく根拠がそこにあることを直観できるのです。

池田政純園長は同志社大学時代に陸上部の選手だったので、モンテッソーリ教育法が運動生理学の論理に通じているのを直観し、保育の実践の場では最初から「運動の分析」や「意識して実行する」ことの意義に注目していました。

則子主任は、一斉保育や自由保育の実践をしていたころ、有能な保育者として注目された人でした。その人が、一斉保育や自由保育には欠けていたものをモンテッソーリ教育法のなかに見いだしたとき、その工夫のしかたはまさに子どもの生命に根ざした確かなものとなりました。

私は、モンテッソーリ教育法に出合ったこの二人が、自分の目で子どもを観察し工夫していく過程でひんぱんに対話する機会に恵まれました。お二人の子どもの見方と、そこから生み出される保育の工夫についての話は、確かさとオリジナリティに満ちており、聞けば聞くほど子どもの本質や保育の本質を確認する思いでした。

二人はまた、新卒の若者を現場で育てることに、つねに全力投球していました。日常生活での振る舞い方から子どもの見方、「して見せる」という教え方の技術、教材を作る際に配慮しなければならない論理的根拠、実践的配慮など、あらゆる分野にわたって、一貫してモンテッソーリ教育法の根底にある確かな原理に基づいて先生たちを養成してきたのです。その成果が、この本に表れているといえましょう。

『子どもは動きながら学ぶ』を共著で出した年は、幼稚園教育要領や保育所保育指針が「環境を通してする保育」を打ち出した年でした。それまでは一斉保育が日本中を支配していたので、現場の保育者たちは「環境を通してする保育って、いったいどうすればいいの？」と戸惑いました。「遊びながら環境にかかわる」という説がいきわたり、現場は「遊びが大事！」と、「遊び」に過大な期待をかけました。

その結果、遊んでばかりの幼児期を過ごした子どもたちが小学校に入学する1990年代後半に、「小一プロブレム」という言葉が日本中でささやかれました。小学校1年生の子どもたちが、基本的なことができない、話を聴けない、集中して課題に取り組めない、規律がない、など、無茶苦茶な状態だというのです。

1990年代後半に現れた子どもたちのこのような問題は「新しい荒れ」という言葉で各界からさまざまに問題点や原因が指摘され、論議されてきています。

私も『幼児期には2度チャンスがある』という本のなかで、小一プロブレムの原因は、幼児期の有効な活動も中途半端な活動も「遊び」というひと言で総称してしまう日本の幼児教育界のあいまいさにあると書きました。昨今は、テレビ第一世代（茶の間にテレビがあるのがふつうになった1960年代に生まれた人々）といわれる親に育てられた子どもたちが小学校に入りはじめたころから「新しい荒れ」が現れたのだから、「メディア漬け」の生活環境に原因があるという見解が優勢です。

いずれにせよ、「新しい荒れ」を生み出した子どもたちの背景に共通していることは、随意筋肉運動を調整する時期である幼児期に、「自分でやりたい」「やり方を学びたい」と強く望んだのに、「動き方」をきちんと教えてくれるおとながおらず、自分の意志で、自分の体を、意識して正確に動かせるようになることの重要性を認める教育観が存在しなかったことで、そこに大きな原因があります。

日本の幼児教育界では、「遊び」を崇高なる活動と美化した幼児教育論が王道になっていますが、このなかには、目的に向かって忍耐強く最後までやり遂げることができるような教育的配慮や、正確に手を使うこと、体を動かすことを正しく教える教育技術が欠落しています。生命の法則に根拠をおいた教育環境と技術がない幼稚園や保育園では、一斉に何かをするか遊びまわるかして時間を過ごします。家に帰れば、テレビやゲーム、パソコンなどの電子映像の前に座り、手の使い方といえば、キーボードかボタンを押すという単調な動きしかしないで時間を過ごすのです。

五感を豊かに使い、頭を働かせ、自分の意志で、意識して正確な動き方を身につけるなどの経験をするべきだった幼児期に、その経験をしないまま小学生になってしまった結果、「新しい荒れ」といわれる嘆かわしい行動が現れてきたのは確かです。

最近は、子育て支援などという社会政策のもと、子どもたちが保育園はもとより、いろいろな施設で長時間を過ごす時代になってきています。そのシステムが一般化していくなかで、幼児期の大事な時間を、自然が定めたプログラムに基づいて充実して過ごせるような配慮が十分になされているでしょうか。

配慮したいと思っても、いったい何を、どのように整えたらよいのかがわからないというおとなは多いでしょう。善意と志はあっても、どのように子どもを見ればよいのかわからない、どんな環境を整えればよいのか、手を使う道具っていったいどんなものなのか見当もつかない、という人もいることでしょう。

本書は、そんな模索や悩みを解決する手がかりを提供するに違いありません。

子どもの理解しがたい行為でも、根拠がわかれば見方が変わります。見方がわかれば、子どもが楽しんでいる場面や難しがっている場面を自分の目で見つけることができます。そして、子どもが喜んで何度も繰り返しやれるもの、子どもが困難を乗り越えるステップになるような教材などを作り出すアイディアがわいてくるものです。

くすのき保育園では、園長と主任が自ら現場に入っていっしょに子どもとかかわりながら、モンテッソーリ教育法の知識をもとに子どもの理解のしかたや教材を作る際の原理や配慮を教えてくれるので、先生方はみなさん、確実に実力を身につけていきます。その先生たちが日々の地道な努力のなかで生み出した教材が、世に紹介されることを心からうれしく思います。

そして、この教材の作り方や活用のしかたをヒントに、たくさんの家庭で「幸せな試み」がなされ、「幸せな笑顔」が満ちあふれることを、願ってやみません。

監修者● 相良敦子（さがら・あつこ）
九州大学大学院教育学研究科博士課程修了。日本モンテッソーリ協会（学会）理事。現在、清泉女学院大学で教鞭をとるかたわら、東京国際モンテッソーリ教師トレーニングセンター、日本モンテッソーリ教育綜合研究所・教師養成センター、九州幼児教育センター・信望愛学園のモンテッソーリ教師養成コースで講義を担当。著書に、『ママ、ひとりでするのを手伝ってね！』（講談社）、『お母さんの「敏感期」』（文藝春秋）、『幼児期には2度チャンスがある』（講談社）など、共著に『子どもは動きながら学ぶ』、『お母さんの工夫』（田中昌子共著、文藝春秋）など。モンテッソーリ教育法の理論と魅力を、わかりやすく楽しく伝える第一人者。

著者● 池田政純（いけだ・まさずみ）
京都市西京区「くすのき保育園」園長。同志社大学文学部（心理学専攻）を卒業後、1978年に同園を創立。80年、東京国際モンテッソーリ教師トレーニングセンターに学び、モンテッソーリ教育法を取り入れた保育に本格的に取り組む。新卒の保育士を育てる指導力はもとより、現場で子どもを見続ける目の確かさには定評がある。共著に、『子どもは動きながら学ぶ』（相良敦子・池田則子共著、講談社）。

池田則子（いけだ・のりこ）
京都市西京区「くすのき保育園」主任。幼児教育に携わるなかで人間形成の源は何なのか疑問を抱き、1980年、東京国際モンテッソーリ教師トレーニングセンターに学ぶ。その後「くすのき保育園」での実践を通して、とくに3歳までの子どもたちには特別な発達のしかたと特徴があることを確信。ていねいでこまやかな目配りに、後進の信望も厚い。共著に、『子どもは動きながら学ぶ』。

本書、第5章・第6章の作品考案者（「くすのき保育園」の先生方）
西村佳代子　恩庄陽子　森美由樹　小野美香　今村香苗　原田久美
山本千尋　木下美季　園田睦子　河嵜佐祐里　木下あや子

※参考文献
『ママ、ひとりでするのを手伝ってね！』『子どもは動きながら学ぶ』
『お母さんの「敏感期」』『お母さんの工夫』

ひとりで、できた！

2006年5月20日　初版発行
2012年2月１日　第8刷発行

監修者　相良敦子
著者　池田政純・池田則子
発行人　植木宣隆
発行所　株式会社サンマーク出版
東京都新宿区高田馬場2-16-11
電話 03-5272-3166
構成・編集協力　橋本京子
イラスト　川上まりこ（遊具）、佐藤竹右衛門
写真　秋枝宏枝
装丁　宮島千登美
デザイン＆DTP　G-Co.
圓木裕子
編集　梶原光政（サンマーク出版）

印刷・製本　図書印刷株式会社

定価はカバー、帯に表示してあります。
落丁・乱丁本はお取り替えいたします。

ISBN978-4-7631-9685-9 C0037
ホームページ　http://www.sunmark.co.jp
携帯サイト　http://www.sunmark.jp